L'EMPLOI

DE

BATAILLONS CYCLISTES

DANS LA GUERRE DE CAMPAGNE

Est=il matériellement possible ?

PAR

Le Capitaine Breveté L. SABOURDIN

Suivi d'une RÉPONSE de M. le Capitaine QUIROT

AVEC QUATRE PLANCHES

BERGER-LEVRAULT & Cie, ÉDITEURS

PARIS
RUE DES BEAUX-ARTS, 5—7

NANCY
RUE DES GLACIS, 18

1909

Prix : 2 fr. 50

L'EMPLOI

DE

BATAILLONS CYCLISTES

DANS LA GUERRE DE CAMPAGNE

Est-il matériellement possible ?

PAR

Le Capitaine Breveté L. SABOURDIN

Suivi d'une RÉPONSE de M. le Capitaine QUIROT

AVEC QUATRE PLANCHES

BERGER-LEVRAULT & Cie, ÉDITEURS

PARIS   NANCY

RUE DES BEAUX-ARTS, 5—7   RUE DES GLACIS, 18

1909

(Extrait de la *Revue militaire générale*)

L'EMPLOI
DE BATAILLONS CYCLISTES

DANS LA GUERRE DE CAMPAGNE

EST-IL MATÉRIELLEMENT POSSIBLE ?

———

Dans la *Revue militaire générale*, 9e livraison, septembre 1907, M. le général Langlois, à la suite d'un article de M. le commandant Nudant, commandant l'artillerie de la 4e division de cavalerie, « Infanterie et cyclistes en liaison avec la cavalerie », écrivait :

« La mission d'une infanterie en liaison avec la cavalerie ne peut être remplie que par des cyclistes et la force nécessaire à une division de cavalerie qui veut avoir sa liberté d'action doit être au minimum d'un bataillon à six compagnies. Je dis au minimum, parce que, en raison de la grande supériorité numérique de la cavalerie allemande, nous devons sentir l'impérieuse nécessité de soutenir la nôtre par de l'infanterie, mais par de l'infanterie qui ne soit pas pour elle un boulet au paturon, une infanterie plus rapide que la cavalerie : seuls jusqu'ici les cyclistes remplissent cette condition. La conclusion s'impose : il nous faut, sans aucun retard, sans écouter les réfractaires à toute nouveauté, créer pour chacune de nos divisions de cavalerie au moins un bataillon cycliste. Pour moi, deux ou trois bataillons par division seraient préférables. En effet, après avoir travaillé, avant la bataille, avec la cavalerie, nos bataillons cyclistes pourraient venir former de fortes réserves d'armée très mobiles; celles-ci nous sont indispensables pour répondre par la manœuvre à la tactique des Allemands, l'enveloppement, que justifie leur supériorité numérique. Or de tous les moyens aptes à donner à l'infanterie la vitesse : chevaux, voitures, automobiles, la bicyclette est, jusqu'à présent du moins, le seul donnant une solution immédiate et nous ne pouvons pas attendre sans danger. Dix-huit de nos bataillons de chasseurs, transformés en bataillons cyclistes, compenseraient largement l'infériorité numérique de notre cavalerie, lui donneraient la possibilité d'une offensive prompte et énergique, de nature à troubler probablement les combinaisons de nos adversaires possibles. »

Un bataillon cycliste a été préparé en 1905 au camp de Châlons, puis employé aux manœuvres d'armée : aucune création nouvelle n'a été faite. Une expérience sera renouvelée cette année, 1908, par un bataillon cycliste aux manœuvres d'armée du Centre. Quel en sera le résultat?

Les services tactiques que rendraient des bataillons et groupes de bataillons cyclistes, si leur emploi matériel était possible, sont incontestables.

Je vais étudier cette possibilité matérielle d'emploi en me basant sur des faits d'expérience et sur le bon sens, en employant la méthode des cas concrets, précis.

Je démontrerai que l'emploi sur une même route, avec la cavalerie, d'un effectif cycliste supérieur à 400 fusils est extrêmement difficile, dangereux même; que l'emploi de forts effectifs cyclistes comme élément de réserve d'armée est malheureusement une utopie.

Je rechercherai l'augmentation de puissance des unités cyclistes de cavalerie, pour compenser par la perfection de l'armement, la limite étroite imposée comme effectif.

D'où le plan suivant :

PLAN

I. — L'emploi de bataillons cyclistes dans la guerre de campagne est-il possible ?

a) Les unités cyclistes avec la cavalerie;

b) Les bataillons et groupes de bataillons cyclistes comme réserve d'armée. L'expérience de 1905.

II. — Un mot sur les bataillons cyclistes dans la guerre de siège.

III. — Conclusions.

I — L'EMPLOI DE BATAILLONS CYCLISTES
DANS LA GUERRE DE CAMPAGNE EST-IL POSSIBLE ?

Je vais examiner les impossibilités trop réelles d'emploi des bataillons cyclistes et groupes de bataillons cyclistes en rase campagne, en distinguant les conditions auxquelles doivent satisfaire les unités cyclistes devant évoluer et combattre avec la cavalerie et les conditions d'emploi des groupements cyclistes, éléments de réserve d'armée.

Les unités cyclistes avec la cavalerie

(Voir la carte n° 1 au 1/320 000° et la carte n° 3 au 1/80 000°)

J'admets une situation de couverture donnée par la carte n° 1 dans les premiers jours de la mobilisation.

Un corps d'armée A a un détachement d'aile droite : division de cavalerie n° 1 et trois bataillons d'infanterie, chargé de la couverture sur le front Marainviller—Badonviller, par exemple, et direction éventuelle de retraite vers Châtel-sur-Moselle.

Ce détachement d'aile droite a à sa gauche une division d'infanterie n° 1 dont la réserve est vers Romain, et qui tient entre autres les points de passage de la Mortagne jusqu'à Gerbéviller inclus.

En colonne de route. — En raison d'une offensive allemande (offensive limitée ayant pour but de troubler la mobilisation) dans la région Blâmont—Baccarat, la division de cavalerie n° 2 renforcée de deux bataillons cyclistes (à quatre compagnies chacun) et de deux batteries à cheval de corps, prélevés sur la réserve générale n° 1, doit se porter par Bayon vers Magnières pour se mettre à la disposition du général commandant la division de cavalerie n° 1. Les bataillons de barrage et la division de cavalerie n° 1 se retirent de la région Baccarat—Azerailles, vers la région Magnières—Saint-Pierremont, cédant à des forces ennemies importantes de toutes armes, dont une masse de cavalerie. Des dispositions sont prises par le corps A et par les troupes de la région d'Épinal pour organiser deux contre-offensives de flanc qui partiront de Gerbéviller et de Raon-l'Étape (emploi des voies ferrées).

Ordres donnés par le général commandant la division de cavalerie n° 2. — 1° Liaison avec la division de cavalerie n° 1 et recherche de renseignements sur l'ennemi par trois reconnaissances d'officier ou sous-officier sur Moyen, Magnières et Doncières; 2° marche de la division : deux colonnes : *a)* division n° 2 avec ses deux batteries et une compagnie cycliste par la route Bayon, Rozelieures, Giriviller, Magnières; *b)* les deux bataillons cyclistes, les deux batteries à cheval de corps et un escadron, par la route Froville, Clayeures, Moriviller, Remenoville, Seranville, Vallois. Une rencontre étant possible vers la Mortagne, les deux colonnes, marchant d'abord en colonne de route, resteront jumelées. Vitesse : 9 kilomètres à l'heure.

Marche de la colonne cycliste. — Le chemin suivi ne permet que la colonne par deux. En Lorraine, d'ailleurs, à l'exclusion des routes nationales et départementales, la colonne par deux est seule possible, si on veut assurer le passage d'agents de liaison sur le côté gauche de la route et, en laissant même de côté la question importante des agents de liaison, dès que les chemins sont défoncés par des charrois, ou nouvellement empierrés, ou boueux par suite de pluies.

Le cas présent sera donc fréquent. La compagnie de 170 fusils tiendra une profondeur minima de 200 mètres, chaque section ayant une longueur de 65 mètres, les distances entre sections ne pouvant être inférieures à 10 mètres. En réalité, dès que la vitesse dépasse 10 kilomètres un allongement se produit.

Distance nécessaire entre deux compagnies successives.

La compagnie de tête A met pied à terre à l'heure H lorsque sa tête atteint Y, elle monte la côte YZ à 4 kilomètres à l'heure en poussant ses machines, soit à 70 mètres environ à la minute. Sa longueur est de 300 mètres. Sa queue arrive donc en Y à $H + \dfrac{300}{70} = H + 4'12''$.

En admettant en palier la vitesse de 10 kilomètres, la compagnie suivante B, pour mettre pied à terre en Y, en serrant à fond à ce moment sur la compagnie A, doit suivre cette compagnie à 400 mètres de distance, car marchant à 10 kilomètres à l'heure, soit 166 mètres à la minute, elle gagne $166 - 70 = 96$ mètres par minute sur la compagnie A pendant le temps où elle marche en machine alors que cette compagnie A marche à pied, soit 400 mètres environ.

La distance qui doit séparer deux compagnies cyclistes successives en colonne de route, la longueur de chaque compagnie étant de 300 mètres, la vitesse en palier en machine de 10 kilomètres à l'heure, la vitesse à pied aux montées de 4 kilomètres est de 400 mètres pour assurer l'indépendance stricte de ces deux unités.

On démontrerait facilement que cette distance augmente avec la longueur de chaque compagnie et avec la différence entre les vitesses en palier en machine et à pied aux montées.

Dans le cas considéré, les distances seront de 400 mètres en palier, de 0 mètre aux montées.

Tous les moyens plus ou moins sérieux que l'on essaiera pour remédier à cela nuiront à la régularité de la marche, exigeront des forcements ou des ralentissements d'allure qui, à peine admissibles pour une petite colonne, deviennent impossibles pour les effectifs un peu importants.

La colonne cycliste de huit compagnies groupées aura donc une longueur = huit longueurs de compagnies, soit $8 \times 300 = 2\,400$ + sept intervalles de 400 mètres = 2 800 mètres. Total 5 200 mètres pour 1 300 fusils.

En tenant compte d'une avant-garde, cette colonne comportera plus de 7 000 mètres de longueur.

La colonne, dans l'exemple choisi, aura 3 000 mètres (un escadron et deux compagnies cyclistes d'avant-garde), 1 400 mètres (deux compagnies cyclistes et deux intervalles), 800 mètres (deux batteries à cheval et deux intervalles), 2 400 mètres (quatre compagnies cyclistes et trois intervalles) = 7 600 mètres.

Les cyclistes roulant en machine ont une légère infériorité sur les fantassins en colonne au point de vue rapidité d'ouverture du feu sur une troupe de cavalerie chargeant subitement de flanc où exerçant de flanc une surprise par le feu. Cette surprise produit en outre plus de désordre dû aux heurts de machines, aux chutes possibles.

Dans le cas considéré, le flanc droit est couvert par la colonne formée par la division de cavalerie n° 2. Sur le flanc gauche, une flanc-garde d'une compagnie passant par Bayon, Brémoncourt, Einvaux, Moriviller, peut rendre quelques services, bien que le terrain très accidenté qu'elle parcourt ne lui permette pas une allure très supérieure à 9 kilomètres, ne lui permette pas par suite de marcher par bonds pour s'installer en des points dominants successifs tels que Brémoncourt, Einvaux et abords fermé de la Naguée. De Moriviller à Vallois, dans la partie la plus dangereuse du parcours, aucune flanc-garde cycliste n'est possible et la sûreté de la colonne cycliste reposera, comme celle d'une colonne de cavalerie, sur l'emploi de flanqueurs de cavalerie.

La pointe d'avant-garde de la colonne cycliste ne peut être cycliste, elle doit être formée de cavaliers; sinon elle pourra être enlevée dans chaque village, chaque bois, chaque coupure traversée; enfin, ne pouvant sortir de la route, elle ne pourra faire un service de patrouilles rapides contournant les obstacles pour observer le terrain au delà. Une troupe cycliste a donc besoin d'un certain effectif de cavalerie de sûreté, demi-escadron au moins dans le cas considéré (un peloton en pointe d'avant-garde, un peloton fournissant les flanqueurs de gauche), et pour donner à cette cavalerie le temps de faire son service, sans crever rapidement ses chevaux, cette troupe cycliste ne peut prétendre dépasser une vitesse moyenne de 8 à 9 kilomètres à l'heure, celle de la cavalerie.

Conséquences. — 1° La longueur sur route d'un bataillon cycliste à quatre compagnies de 160 fusils chacune, se mouvant en zone sûre, est de 2 400 mètres au moins; en zone non sûre, c'est-à-dire avec avant-garde, elle est de 4 kilomètres au moins, elle équivaut à celle d'une avant-garde de division d'infanterie (un régiment d'infanterie, un groupe d'artillerie, une compagnie du génie);

2° La sûreté d'une colonne cycliste se mouvant en zone non sûre exige un certain effectif de cavalerie de sûreté et ramène la vitesse moyenne de 8 à 9 kilomètres à l'heure, sans qu'il y ait escarmouche ou le moindre retard occasionné par l'ennemi.

Au combat. — Au moment où les avant-gardes des deux colonnes de la division de cavalerie n° 2 atteignent le front Moriviller—Rozelieures, le général commandant cette division se trouve devant la situation suivante :

PREMIÈRE PHASE. — Les bataillons de barrage tiennent les débouchés est de Xaffévillers : bois du Grand-Bras, bois de la Horne, bois de la Haie et, sur leur gauche, le village de Saint-Pierremont.

La division de cavalerie n° 1 est en position d'attente au sud-ouest du bois la Horne, l'artillerie à cheval en position d'attente à 800 mètres ouest de Xaffévillers. Des patrouilles de combat sont au contact de l'ennemi.

Les têtes de colonnes d'une masse de cavalerie allemande se montrent sur les hauteurs nord de Domptail et nord-est de Magnières. Des reconnaissances allemandes ont franchi la Mortagne.

Ordres du général commandant la division de cavalerie n° 1. — Si l'ennemi, qui paraît comprendre deux fortes divisions de cavalerie dans la région Domptail—Fontenoy-la-Joûte, se décide à franchir la Mortagne sans attendre son infanterie, l'intention du général est de laisser libres à l'ennemi les points de passage de Moyen inclus à Magnières inclus, d'arrêter ses têtes de colonnes sur le front Guilgnebois inclus—Seranville—Mattexey—bois de Mattexey inclus par des cyclistes fournis par la division de cavalerie n° 2, d'attaquer sur la rive droite de la Mortagne la cavalerie ennemie pendant le passage, d'une part par la division de cavalerie n° 1 appuyée par un échelon des bataillons de barrage et débouchant dans la région Xaffévillers, d'autre part par la division de cavalerie n° 2 appuyée par ses cyclistes disponibles et débouchant de Gerbéviller.

Si l'ennemi n'a pas commencé à une certaine heure, à laquelle son infanterie arrivera à proximité de la Mortagne, le franchissement de ce cours d'eau, l'intention du général est de faire un barrage sur la Mortagne, défense en arrière, front Moyen inclus—Magnières inclus par une partie des cyclistes de la division de cavalerie n° 2, Saint-Pierremont par les bataillons de barrage qui assureront encore le débouché par Xaffévillers. La division de cavalerie n° 1 débouchant à cette heure de Xaffévillers avec un soutien d'infanterie, la division de cavalerie n° 2 de Gerbéviller avec un soutien cycliste inquiéteront et retarderont l'ennemi par des attaques de flanc.

Le général commandant la division d'infanterie n° 1 qui a sa réserve vers Méhoncourt—Landécourt, est informé de la situation. Comptes rendus télégraphiques et téléphoniques sont faits au général commandant le corps d'armée A.

Ordres du général commandant la division de cavalerie n° 2. — 1° Intentions du général commandant la division de cavalerie n° 1; 2° barrage sur le front Guilgnebois—bois de Mattexey inclus par le commandant X... avec un bataillon cycliste, deux batteries à cheval de corps, un escadron. Faire une occupation dissimulée et ouvrir le feu par surprise à courte distance; 3° la division de cavalerie n° 2, ses batteries à cheval et un bataillon cycliste se portent de suite sur Gerbéviller pour en déboucher offensivement (un bataillon de la division d'infanterie n° 1 du corps A tient Gerbéviller par une fraction).

Ordres du commandant X... (colonne cycliste). — 1° Intentions du général. Le deuxième bataillon se portera de suite sur Gerbéviller où il sera à la disposition du général; 2° première compagnie, occupez Seranville et Mattexey. Deuxième compagnie, corne nord-est de Guilgnebois (ce sont les deux compagnies d'avant-garde). Troisième compagnie : bois de Mattexey et croupe nord de ce bois, six cavaliers par compagnie. Les deux batteries à cheval en surveillance à l'est de Giriviller. — Prescriptions d'ensemble : laisser l'ennemi s'engager sur la rive gauche de la Mortagne, ouvrir le feu à courte distance par surprise. Quatrième compagnie en réserve à Giriviller ainsi que le gros de l'escadron. Poste de combat du commandant X... : 500 mètres nord-est de Giriviller. Deuxième compagnie assurera la liaison avec la division C à Gerbéviller. Troisième compagnie avec la deuxième division à Xaffévillers.

Dans l'exécution, je relève quelques difficultés :

a) Croisement de colonnes. — La division de cavalerie n° 2 va se porter sur Gerbéviller, les deux têtes des brigades faisant à gauche, les brigades obligées de passer, celle de tête entre les deux compagnies cyclistes d'avant-garde et le gros de la colonne

cycliste, celle de queue derrière ce gros. La route Remenoville—
Gerbéviller est prise par le deuxième bataillon cycliste en route
sur Gerbéviller. Le croisement de colonne est une question de
dressage;

b) Transmission d'ordres. — Le commandant X... doit pouvoir orienter à temps sur Gerbéviller par Remenoville le deuxième
bataillon : dans une colonne marchant à 9 kilomètres à l'heure, il
n'y a pas de temps à perdre pour cette transmission d'ordres. Il
doit ensuite orienter d'une façon précise les commandants de
compagnie du premier bataillon, le commandant de l'artillerie,
le commandant de l'escadron. Il peut faire personnellement
l'orientation des deux compagnies d'avant-garde en gagnant au
galop en avant, puis trottant à côté d'eux; il peut envoyer en
même temps un agent de liaison au commandant de la troisième
compagnie et au commandant de la quatrième.

Ces questions de transmission d'ordres dans une longue colonne
marchant à une certaine vitesse, et qui doit évoluer rapidement
sous peine de perdre le bénéfice de sa vitesse, demandent une organisation étudiée des agents de liaison : il en faut qui soient
montés, il en faut qui soient cyclistes, tous doivent être parfaite-
ment dressés à saisir vite des ordres verbaux et à les transmettre
fidèlement. Plus la vitesse dépasse 10 kilomètres, c'est-à-dire
l'allure normale d'un cheval, plus cette transmission devient
compliquée, imposant aux agents de liaison cyclistes des vitesses
excessives, aux agents de liaison montés le surmenage rapide des
chevaux.

Deuxième phase. — A l'heure indiquée ci-dessus, la cavalerie allemande n'a pas franchi la Mortagne.

Le commandant X... donne les ordres suivants :

Le détachement va occuper le front Moyen inclus—Magnières
inclus sur la Mortagne pour en interdire les passages à l'ennemi.
Les crêtes entre Moyen et Domptail sont tenues par l'ennemi.
Quatrième compagnie (en réserve) : Occupez Vallois et les hauteurs nord-ouest et sud-ouest.

Première compagnie (qui occupe Séranville—Mattexey) : Occupez les hauteurs ouest de Magnières, liaison avec les bataillons de barrage à Saint-Pierremont. Deuxième compagnie, le
capitaine avec un peloton, occupez la croupe sud-ouest de Moyen,

liaison par Moyen avec la division de cavalerie nº 1. Troisième compagnie (du bois de Mattexey) et deuxième peloton de la deuxième : en réserve à Seranville.

Artillerie : en position de surveillance face aux crêtes Moyen—Domptail. Une batterie au nord-ouest de Vallois, la deuxième au sud-ouest. Poste de combat du commandant X... : hauteur 600 mètres sud-ouest de Vallois.

Exécution. — La quatrième compagnie se porte en machines, précédée par des cavaliers, à une vitesse de 9 kilomètres à l'heure s'il y a doute sur la sûreté vers Vallois, se jette au contraire en vitesse en avant, ses cavaliers déjà en observation sur Vallois, s'il n'y a aucun danger en cours de route; un peloton va jusqu'à 600 mètres ouest de Vallois par le chemin Seranville—Vallois, quitte ses machines sur la route et occupe vite à pied Vallois et la hauteur 340 au nord-ouest. L'autre peloton file par le chemin Seranville—bois du Quetil, laisse ses machines à la lisière de ce bois sur le chemin et occupe vite à pied les crêtes sud-ouest de Vallois. Les machines sont abritées du feu, elles sont à 200 mètres, 400 mètres au plus des emplacements de combat.

La première compagnie, qui occupait Seranville—Mattexey, lance ses cavaliers vers Magnières et bois du Penot; elle pousse de suite en machines l'échelon de Mattexey par le chemin de Magnières; cet échelelon pose ses machines à 1 kilomètre est de Mattexey et gagne vite à pied vers l'est à 400 mètres environ les rebords permettant de battre Magnières et les points de passage. L'autre échelon qui tenait Seranville se déplace en machines, les pose à proximité de celles du premier échelon, puis se porte vite à pied à travers champs au bois du Penot et à la crête plus à l'est. Tous ces éléments ont mis pied à terre à l'abri des crêtes dangereuses.

Le peloton de la deuxième compagnie, qui du Guilgnebois va occuper la boucle de la Mortagne face à Moyen, ira en machine par Seranville jusqu'à 1 kilomètre ouest de Vallois, poussera ses machines à la main jusqu'à 340 et les y laissera pour gagner vite à pied la lisière est du bois entre 340 et Moyen. Il sera à 700 mètres de ses machines, mais qu'il ait à rétrograder vers Seranville ou à reprendre un mouvement en avant vers l'est, il les trouvera à un embranchement qui lui permet de rouler immédiatement vers Gerbéviller ou vers Vallois, presque immédiatement vers Séranville.

Les cyclistes soutiens de cavalerie doivent-ils combattre machine au dos ou en déposant les machines à proximité des emplacements de combat ? — Dans l'exemple ci-dessus, j'ai fait déposer les machines. Doit-on, peut-on faire combattre machine au dos? Je voudrais que ma compagnie pût à l'occasion combattre allègrement machine au dos : les faits que je vais citer montrent que ce n'est qu'un pis-aller à éviter. Faites peser les machines avec l'équipement de machine nécessaire en campagne (collet sur le guidon et renfermant un jersey et une serviette et surmonté de la gamelle-sacoche de machine sur le cadre, et en outre sur certaines machines soit un sac à distribution, soit une lanterne, soit des pièces de rechange de machine) et vous constaterez qu'avec ce minimum de chargement de la machine, elle pèse *de 20 kg 500 à 24 kilos* (machine équipée de l'infirmier).

Faites mettre au dos cette machine pesant plus de 20 kilos, soit 6 kilos au moins de plus que le sac des fantassins, et vous vous rendrez compte qu'en dehors de la question poids, la question forme et volume de la machine équipée produit une gêne considérable.

Conséquences. — 1º Le fantassin cycliste, machine au dos, ne peut tirer couché, chose indispensable pour toute infanterie; 2º il ne peut faire de bonds rapides; 3º il est presque immédiatement exténué même sans tirer couché et sans faire de bonds rapides, ce n'est plus un combattant, c'est une bête de somme; 4º enfin comment veut-on que des officiers ou sous-officiers, chefs de peloton ou de section, ayant eux-mêmes sur le dos un poids volumineux de 21 kilos, précèdent leur troupe dans tous les terrains, fassent une reconnaissance rapide?...

Pour pouvoir combattre machine au dos, il faudrait gagner plus de 6 kilos soit sur la machine elle-même, soit sur l'équipement de la machine. La machine doit être solide, rustique; le système de pliage la rend délicate si elle n'est pas solide. Il est impossible de diminuer l'équipement de la machine sous peine de priver les hommes du strict indispensable : un jersey et un collet comme effets de rechange et de cantonnement ou de bivouac, une gamelle pour manger, pièces de rechange pour accidents en cours de route. Mettre machine au dos reste donc un moyen exceptionnel à employer en cas de nécessité absolue. En campagne, le poids total machine et homme sera encore augmenté par la nécessité de disposer non pas de 120 cartouches, mais de 200, même 300 par homme.

Avantages et inconvénients de ces deux procédés dans la manœuvre en retraite (en supposant que le combat machine au dos soit possible) [Voir carte n° 2 au 1/320 000e et carte n° 4 au 1/80 000e]. — L'offensive générale allemande est commencée. La division de cavalerie n° 1 chargée de couvrir, dans la région Marainviller—Gerbéviller—Bayon et au sud-est, le flanc droit du corps d'armée A, a avec elle en permanence un bataillon cycliste et a été renforcée de la brigade de cavalerie de corps B et de quatre bataillons cyclistes formant avant-garde légère du corps B.

Deux de ces bataillons gardent la Mortagne de Gerbéviller exclu à Rambervillers inclus.

Situation à une certaine heure. — Les bataillons de barrage qui ont défendu les ponts d'Azerailles et Baccarat sont en retraite en deux colonnes, l'une par Fontenoy-la-Joûte, Domptail, Xaffévillers, l'autre par Deneuvre (près Baccarat), Bazien, Xaffévillers. Ralliement à Xaffévillers. Ils sont suivis par de l'infanterie ennemie en forces sérieuses, appuyée par de l'artillerie et ils sont menacés par la cavalerie.

Pour assurer un repli à ces bataillons, reconnaître l'ennemi, et retarder son offensive, le général commandant la division n° 1 a fait tenir le front 341 (sud-est du bois de Chèvremont) Fontenoy-la-Joûte—Bois du Charbonnier—Bois du Boulard—Bois Colombehaut—Bazien par les cyclistes, la cavalerie servant de soutien et étant formée en corps provisoire de cavalerie.

1° *Division de cavalerie n° 1* (quatre régiments de cavalerie, deux batteries, premier bataillon cycliste) agit au nord de la route Domptail—Glonville, cette route incluse.

Premier bataillon cycliste : Première compagnie au bois du Chanot. Deuxième et troisième compagnies au bois des Brûlées.

Quatrième compagnie au bois de la Chambre. Artillerie..... Cavalerie.....;

2° *Division provisoire* (deux régiments de la brigade de cavalerie B, deux batteries, deuxième et troisième bataillons cyclistes) agit au sud de la route Domptail—Glonville.

Deuxième bataillon cycliste : Première compagnie au bois du Charbonnier. Deuxième compagnie au bois du Boulard. Troisième compagnie au bois Colombehaut. Quatrième compagnie à Bazien.

Troisième bataillon cycliste : En repli sur le ruisseau de Belville et tenant Saint-Pierremont—Xaffévillers—Doncières. Artillerie... Cavalerie...

Combat en déposant les machines et rupture de combat en machine. — Je n'envisagerai que le premier bataillon. La quatrième compagnie occupe le bois de la Chambre; elle a ses machines près d'elle sur le chemin Fontenoy—Domptail. La troisième compagnie, partie sud du bois des Brûlées, a ses machines sur le chemin Fontenoy—Domptail. La deuxième compagnie, partie nord du bois des Brûlées, a ses machines à l'embranchement 400 mètres nord-est du cimetière de Domptail. La première compagnie, bois du Chenot, a ses machines sur le chemin à la corne nord du bois Mortier. En cas de retraite, les quatrième, troisième, deuxième compagnies utiliseront le même chemin Domptail—Saint-Pierremont, la première se repliera sur Magnières.

Les avant-gardes des troupes allemandes qui ont débouché par Azerailles et Baccarat doivent atteindre dans la soirée la Mortagne sur le front Moyen—Saint-Maurice. Elles sont renseignées par les patrouilles de combat de leur cavalerie sur la présence d'infanterie française tenant les bois au nord-ouest, à l'ouest et au sud-ouest de Fontenoy-la-Joûte et d'une masse de cavalerie française dans la région de Domptail.

L'avant-garde du nord dirige : un bataillon sur le bois du Chenot par les cheminements de la ferme Méranville ; un bataillon sur Domptail et croupe du cimetière par les revers sud du mouvement de terrain Fontenoy—Glonville ; un bataillon sur les bois du Charbonnier et Boulard par les cheminements entre Fontenoy et les grands bois de Glonville. Les batteries de la division nord, en position sur les hauteurs nord-ouest et sud-ouest de Glonville, appuieront la marche de l'infanterie.

Si ces bataillons savent utiliser les cheminements pour arriver sans tirer au plus près des points occupés, ils seront vite à des distances variant de 500 à 700 mètres des emplacements de combat des fractions cyclistes qui devront rompre le combat assez tôt sous peine d'être accrochées par cette avant-garde, puis écrasées par des forces supérieures. L'infanterie allemande, à partir du moment où elle ne recevra plus de coups de fusil, mettra dix minutes pour atteindre les lisières ouest du bois des Brûlées. Dans ce temps, les cyclistes doivent avoir rejoint à pied leurs machines, s'être formés en colonne de route et avoir disparu en machine dans la pente Domptail—Saint-Pierremont. La colonne de route des trois compagnies sera de 1 500 mètres environ, en réduisant les distances en raison du peu de chemin à parcourir sans montée jusqu'à la Mortagne, bien que la vitesse adoptée pût être de 12 à 13 kilomètres à l'heure. L'écoulement au point de départ demandera sept minutes; il faut y ajouter le trajet à pied aux machines et la formation, si rapide soit-elle, en colonne de route. Ces calculs de temps où les minutes prennent cette importance montrent les dangers de l'accumulation de plusieurs compagnies cyclistes sur une même route.

Au lieu de trois compagnies, mettez-en quatre, et l'on peut affirmer que le bataillon cycliste sera ou fusillé en colonne de route avant que ses compagnies de queue aient disparu dans la pente Domptail—Saint-Pierremont, ou obligé de laisser pour retarder l'ennemi une arrière-garde qui sera accrochée par l'ennemi. Dans tout ceci, je n'ai pas fait la part de l'imprévu, j'ai supposé de l'ordre, de la rapidité dans les mouvements. En réalité, on ne peut employer ainsi sur un même front, avec la même route pour les mouvements en machine, que deux compagnies.

Combat machine au dos. — Les compagnies cyclistes venues en machine à proximité de leurs emplacements de combat ont plié les machines et gagné à pied lourdement ces emplacements. Aucune rapidité dans l'occupation, puis un tir peu précis, très lent, ou des pertes plus grandes, les hommes ne pouvant rester couchés ou tirant mal dans cette position. Au moment de la retraite, ces compagnies alourdies ne peuvent gagner assez de terrain pour avoir le temps de déplier les machines, se former en colonne sur route et se replier en machine. Elles seront encore en formation de combat vers le cimetière de Domptail lorsque les fantassins allemands déboucheront à l'ouest du bois des Brûlées et atteindront la lisière ouest du bois de la Chambre; elles seront obligées de se replier par un jeu d'échelons rapprochés et peut-être accrochées. Plus de rupture de combat : celle-ci permet de trouver pour chaque nouvelle occupation de terrain le temps de faire une reconnaissance, de préparer le tir, les liaisons. Chaque section postée dans ces conditions vaut deux ou trois sections de l'assaillant dans le feu aux grandes et moyennes distances. La rupture de combat doit être le procédé normal des cyclistes dans la manœuvre en retraite, elle leur donne le maximum de rendement et force l'ennemi à des prises successives de contact toujours difficiles.

Conclusions. — Les unités cyclistes en liaison avec la cavalerie doivent avoir une grande rapidité d'évolutions aussi bien au combat qu'en cours de route. La machine au dos, même si elle pesait environ 14 ou 15 kilos, anéantirait toute rapidité au combat, diminuerait la justesse et la rapidité du tir et enlèverait aux cyclistes une de leurs qualités essentielles : l'aptitude à la manœuvre en retraite par ruptures de combat et occupations successives de terrain préparées et donnant au feu toute sa puissance. Avec la machine équipée régulièrement et pesant par suite plus de 20 kilos, le combat machine au dos est impossible.

Dans les exemples choisis dans une zone où se passeront les premiers événements d'une prochaine guerre, les officiers des unités cyclistes sont ou seraient vite renseignés sur la valeur des voies de communication, condition essentielle d'emploi des cyclistes.

Dans une phase ultérieure de la guerre, si ces officiers n'ont pas entre les mains d'excellentes cartes, la connaissance insuffisante du réseau des voies de communication et de la valeur de celles-ci entraînera de faux mouvements, des retards, ou bien elle exigera de nombreuses reconnaissances de chemins.

Les bataillons cyclistes comme réserve d'armée

Des groupes de bataillons cyclistes, qu'ils aient à arrêter les têtes de colonnes de masses enveloppantes, à combler un vide dans la ligne de bataille ou à fournir une attaque décisive, doivent se battre à fond comme l'infanterie ordinaire. Ce n'est plus le jeu des unités cyclistes de cavalerie. Ces bataillons cyclistes, réserve d'armée, doivent avoir un effectif sérieux, présenter dans un combat en un certain point une densité analogue à celle de l'infanterie ordinaire dans la bataille; cet effectif nécessaire est au moins de six à douze bataillons cyclistes par armée. Dans le combat à fond, ces bataillons, dès qu'ils sont rendus à pied d'œuvre, n'ont plus à rechercher la rapidité d'évolutions : des effectifs, un tir efficace, de l'opiniâtreté, deviennent les conditions essentielles, et possibilité, à un moment donné, de jouer de la baïonnette.

De là, le désir justifié de disposer de réserves se mouvant vite à bicyclette sur des routes sûres, mais combattant machine au dos, afin de supprimer cette question de machines, insoluble autrement avec un certain effectif. Peut-être les machines pourraient-elles être abandonnées à pied d'œuvre jusqu'à la fin du combat, mais pourra-t-on les reprendre et redevenir réserve mobile ?

L'étude précédente des cyclistes de cavalerie et l'expérience montrent que la création de réserves d'armée cyclistes est une utopie dangereuse : longueur extraordinaire des colonnes de route même en utilisant, pour huit ou dix bataillons, deux ou trois chemins; dangers d'arrêt ou d'allongement et de désordre causés par le moindre encombrement sur une route; impossibilité de croisement avec une colonne autre; difficultés considérables de commandement et de transmission d'ordres; impossibilité de mettre machine au dos pour combattre. Ainsi tout s'oppose pratiquement à une telle création, pourtant bien tentante pour le commandement français. Je vais analyser deux expériences de bataillon cycliste, l'analyse viendra à l'appui du raisonnement sur la carte basé déjà sur des faits.

Le bataillon cycliste aux manœuvres d'armée de 1906

Journée du 4 septembre. — Une armée du Sud battue se replie de la région Vitry-le-François—Heiltz-le-Maurupt vers le sud-est, couverte par un corps d'armée dont la mission retardatrice commence dans la région La Chaussée-sur-Marne—Bassu. Ce corps d'armée, d'abord en réserve, débouche du front Vitry—Chanzy et se porte vers l'ennemi; il emploie une avant-garde légère, une brigade de cavalerie, une batterie, un bataillon cycliste. Les avant-gardes ennemies qui poursuivent sont à proximité et marchent par la route Châlons—Vitry et par les chemins plus à l'est, avec tendance probable à déborder par l'est.

Le bataillon cycliste reçoit une mission retardatrice sur les têtes de colonnes ennemies, la brigade de cavalerie se porte vers Dampierre pour une action retardatrice d'aile ou de flanc. Le bataillon cycliste se porte entier par la route Vitry—Châlons; un bataillon de chasseurs ennemis est signalé à Pogny : le bataillon cycliste laisse une section cycliste au contact de ce bataillon et, sans avoir agi sur lui, se porte sur une autre direction de débouché de l'ennemi, La Cense-des-Prés; il y arrive au milieu d'une division amie déjà engagée et agit alors en infanterie ordinaire, alourdie, machine au dos.

Conclusion : aucune action sur la première direction, arrivée tardive et inutile sur la deuxième.

Journée du 5 septembre. — Le bataillon cycliste est employé dans la région Bassu—La Cense-des-Prés dans un combat sur place, à l'aile droite du corps d'armée qui défend d'abord le front Soulanges—Ferme du Pont-Boyarne, cotes 138-158, Moulin à vent, cote 193.

Journée du 6 septembre. — Le bataillon cycliste a une mission retardatrice qui commence sur le canal de la Marne au Rhin, front Vitry—Brusson (7^{km}). La brièveté de la manœuvre (les cyclistes n'ont pas eu à dépasser vers le sud la ligne Marolles — Reims-la-Brûlée) n'a pas permis de montrer les nécessités d'organisation de commandement d'un bataillon ainsi étalé dans une manœuvre en retraite. Pas de rupture de combat prévue et suivie d'une nouvelle occupation. Les compagnies ont agi entièrement pour leur compte.

Journée du 7 septembre. — Commencement des manœuvres d'armée contre armée. Les cavaleries manœuvrent, les autres armes, y compris le bataillon cycliste, se reposent. Il fournit cependant des reconnaissances d'officier cycliste qui, après bien des difficultés dues à l'état des chemins et grâce à ce qu'elles ont marché dans la sphère de mouvement d'une force de cavalerie amie, ont pu donner quelques renseignements au lieu de se faire enlever.

Journées des 8 et 9 septembre. — Le bataillon, avec une batterie et un peloton de cavalerie, forme avant-garde légère d'une division d'infanterie. Dès que le contact fut pris le 8, le bataillon a manœuvré jusqu'au 9 au soir dans une zone de terrain de 2 à 3 kilomètres de côté, machine au dos, au milieu de l'infanterie amie.

Journées des 10 et 11 septembre. — Le bataillon se trouve avec une division de cavalerie, puis avec une brigade de cavalerie à l'aile droite de l'armée. Dans les différentes missions qui lui sont données, peu nombreuses d'ailleurs, les compagnies restent isolées. Une attaque d'un point d'appui est faite par trois compagnies, machine au dos, débouchant de deux directions différentes.

Le 11 soir, dislocation du bataillon.

Quel était l'effectif de ce bataillon cycliste? 400 fusils environ, c'est-à-dire sensiblement l'effectif de deux compagnies sur pied de guerre.

Quel était le chargement des hommes et des machines? Les hommes ont porté dans les cartouchières quelques cartouches à blanc et, en outre, la pompe et la petite boîte de 5 centimètres sur 3 centimètres de réparation, un repas froid pour le repas du matin dans la musette. Sur la machine, on avait enlevé la sacoche de machine et réduit le paquetage, pour alléger le plus possible la machine.

Dans l'emploi avec la cavalerie, cet effectif restreint rendait possible et avantageux le combat sans mettre machine au dos. Mais il fallait essayer de prouver que le combat machine au dos était possible et le bataillon a été exténué dans ces conditions par des engagements pourtant sur place, dans lesquels, même en présence d'infanterie et d'artillerie ennemies, il n'a pas tiré couché ni pu faire de bonds rapides sous le feu. Il n'y a pas eu action jumelée constamment entre la cavalerie et ce bataillon, trop lourd, qui a agi pour son propre compte sans être d'une utilité appréciable pour celle-ci. Il faut du temps pour plier ou déplier la machine, quand le cycliste vient de faire dans les champs un parcours, quand sa machine sur route s'est alourdie auparavant de la boue du chemin.

Les ruptures du bataillon en colonne de route, puis l'occupation rapide d'un grand front, suivie d'un mouvement en avant ou d'une rupture de combat d'après une orientation donnée par le chef du bataillon, n'y ont pas été étudiées, l'organisation du commandement et des liaisons non plus, le combat en déposant les machines non plus.

Par contre, on a voulu prouver que les cyclistes pouvaient se passer de cavaliers et les remplacer, et des pointes d'officiers cyclistes ont dû faire, en pleine invraisemblance, le service des reconnaissances d'officier ou de sous-officier de cavalerie. Les impressions de ces officiers et le bon sens éclairent suffisamment sur la valeur de ces prétentions. En campagne, des isolés, chargés de missions vers l'ennemi, doivent pouvoir passer partout et au besoin à grande allure, soit pour profiter d'un passage libre et voir, soit pour échapper à une embuscade, à une poursuite, etc.; un excellent cheval donne la seule solution du problème.

Étude comme élément de réserve d'armée. — Le bataillon a une seule fois exécuté une marche de quelques kilomètres en machine pour venir participer à une attaque décisive. Le faible effectif n'a pas fait ressortir les inconvénients graves des longueurs de colonne de route des cyclistes, parce qu'aux manœuvres, le commandement supérieur aux divers échelons a autre chose à faire que de se porter sur le chemin d'une colonne cycliste de 400 maigres fusils, au bas d'une montée de préférence, pour constater, pour une vitesse déterminée et un effectif déterminé des compagnies, le minimum de distance qui doit les séparer. Cette distance n'a donc pas été contrôlée et c'était un des points essentiels : elle permettait de déterminer la loi de formation des colonnes cyclistes.

Cette expérience peut se faire sans déplacement au camp de Châlons, terrain exceptionnel : il suffit de faire évoluer sur le terrain, d'après une manœuvre sur la carte faite au préalable, les deux compagnies cyclistes du 20e corps, celles du 2e et du 4e bataillon de chasseurs, si voisines l'une de l'autre. Il sera facile de déterminer par deux journées de manœuvre des deux compagnies formant un groupe soutien de cavalerie : les conditions de formation des colonnes cyclistes, la possibilité de manœuvrer et combattre machine au dos avec le chargement réel de campagne, les conditions pour obtenir des évolutions rapides, en particulier les ruptures de combat, les conditions d'organisation du commandement. Le règlement de manœuvre des unités cyclistes, à l'inverse des autres règlements qui procèdent avec lenteur mais avec sagesse et sont toujours exécutables, a été rédigé comme un règlement d'avenir en vue de la création, désirée par certains, de bataillons cyclistes ; mais aucune expérience sérieuse et concluante n'avait démontré la possibilité d'exécution des prescriptions relatives au combat machine au dos.

Manœuvres italiennes en juin 1907. — Les Italiens ont exécuté une courte manœuvre de trois bataillons cyclistes (un formé de compagnies cyclistes bersagliers et deux de volontaires) dans le jeu de la défense des côtes. L'effectif *total* de ces trois bataillons dépassait à peine 500 hommes et encore une partie a été employée en patrouilles cyclistes sur le littoral. L'effectif roulant ensemble était donc de 400 hommes environ. Les chefs de bataillon étaient en automobile pour les longs parcours.

Le compte rendu n'a pas insisté sur la longueur de la colonne.

II — LES UNITÉS CYCLISTES DANS LA GUERRE DE SIÈGE

Je prendrai comme exemple : 1º l'investissement de Verdun par trois divisions de réserve et les parcs légers de siège d'une forte armée allemande d'aile droite lorsque la couverture de l'armée française d'aile gauche se sera repliée sur la rive gauche de la Meuse et que les têtes de colonnes de la première armée allemande seront elles-mêmes sur cette rive ; 2º le siège ultérieur par des effectifs plus considérables ; 3º la défense.

Investissement (cartes Verdun, sud-est; Metz, nord-ouest et sud-ouest, au 1/80.000e). — Deux secteurs sur la rive droite, séparés par la route Verdun—Étain (secteur nord), un sur la rive gauche. Ligne d'investissement dans le secteur nord rive droite : Samogneux (inclus) — Beaumont — Ornes — Maucourt — Mogeville — Hautecourt — Moranville (exclu). Troupes de ce secteur : première division de réserve, front : 17 kilomètres. Secteur sud : rive droite : deuxième division de réserve, front : 20 kilomètres. Secteur rive gauche : troisième division de réserve, front : 30 kilomètres.

Le front d'attaque ultérieur choisi étant le front nord-est (massif Douaumont), des reconnaissances spéciales détermineront la ligne de couverture de l'artillerie. Les parcs légers de siège devront pouvoir, par les emplacements choisis par eux, faciliter la conquête progressive ultérieure de cette ligne.

Premier rôle des troupes d'investissement : neutraliser la garnison de Verdun pendant la bataille décisive, d'où : résistance opiniâtre à toute attaque de la garnison, grâce à l'occupation solide des points d'appui essentiels de la ligne d'investissement, à la reconnaissance approfondie des emplacements éventuels de l'artillerie de campagne dans chaque zone, cette résistance des troupes locales devant permettre l'arrivée de réserves, aussi mobiles que possible.

Étude de mouvement de réserve. — Le seizième jour au matin, les troupes d'investissement secteur nord, rive droite, sont attaquées par des forces importantes de la garnison débouchant de Louvemont vers le nord. Le général commandant les troupes d'investissement (quartier général à Étain) envoie une partie de la réserve générale n° 1 d'Étain sur Gremilly à la disposition du général commandant le secteur nord. J'admets que des bataillons cyclistes faisant partie de cette réserve pourront abandonner à pied d'œuvre, vers Gremilly, leurs machines pour combattre en infanterie sans sac et ne s'occuper des machines qu'en fin d'engagement pour rentrer en réserve à Étain. D'autre part, le service de sûreté n'existe pas en cours de route, le déplacement se fait à l'abri des points d'appui de la ligne d'investissement.

Il reste la question de la durée du transport à pied d'œuvre de l'effectif à employer et la question du commandement.

Mouvement de deux bataillons à pied et de deux batteries d'Étain à Gremilly. — S'effectue par la route Étain—Gremilly jusqu'à hauteur de Mogeville, puis par la ferme l'Épina, pour reprendre la route à la corne sud-ouest du bois le Breuil, afin d'éviter, aux abords de Mogeville et Maucourt, le feu des batteries de la place à 4 000 mètres.

Trajet : 18 kilomètres dont 2 kilomètres à travers champs ; durée : quatre heures pour ces bataillons sans sac. Durée d'écoulement : 1 600 mètres (400 mètres par bataillon, 300 mètres par batterie, plus les intervalles) soit quinze minutes. Cette colonne aura serré sur sa tête à Gremilly en quatre heures quinze minutes.

Même mouvement par deux bataillons cyclistes et deux batteries. — Trajet : une demi-heure en machine pour atteindre Mogeville, une demi-heure pour plier les machines et atteindre à pied, par la ferme l'Épina, la corne sud-ouest du bois le Breuil, une demi-heure pour terminer le parcours en machine.

Durée d'écoulement : 2 400 mètres par bataillon cycliste, 600 mètres pour les deux batteries, deux distances de 400 mètres, soit : 4 800 + 600 + 800 = 6 200 mètres ou trente-cinq minutes.

La colonne sera rendue entière à Gremilly en deux heures cinq minutes.

Même mouvement pour quatre bataillons cyclistes et deux batteries. — Trajet : une heure trente minutes ; durée d'écoulement : $4 \times 2\,400 + 600 + 4 \times 400^{m} = 11^{km}\,800$ ou une heure, soit au total deux heures trente minutes, ce qui paraît avantageux.

Mais que l'attaque ennemie par Louvemont cesse avant l'arrivée de la colonne à Gremilly, qu'on rappelle celle-ci pour l'envoyer ailleurs, comment faire parvenir les ordres autrement que par un système téléphonique déjà installé ou par motocyclette ou automobile ? Comment le commandant de cette longue colonne lui fera-t-il faire demi-tour ? Combien de temps faudrait-il aussi pour prendre une direction perpendiculaire ou oblique quand il y a nécessité à prendre un embranchement qu'une partie de la colonne a déjà dépassé ?

Comment marchera le commandant de la colonne ? et les chefs de bataillon ? pour un parcours qui pourra être, sans arrêt, de 15, 20, 30 kilomètres ? A bicyclette, ce ne sont plus des chefs ; surtout sur chemin médiocre ou détrempé par la pluie, pourront-ils donner des ordres rapides, consulter leur carte? devancer leur troupe avant tout engagement? Pourront-ils demander à des chevaux 30 kilomètres de suite à 12 à l'heure, à 14 même, puis des temps de galop avant et au cours de l'engagement? Seront-ils à moto-cyclette ou en voiturette pour la route, leurs chevaux non montés étant conduits par des cyclistes en machine? Cette dernière solution est la plus rationnelle.

Siège. — Même genre d'emploi, mêmes remarques.

Défense. — Pendant l'investissement, le gouverneur peut chercher à attirer sur lui une fraction de corps d'armée actif qui manquera ainsi dans la bataille générale, grâce à la fréquence et à l'habileté de ses attaques rendant insuffisantes les trois divisions de réserves allemandes.

De fausses attaques dans une zone, suivies de véritables attaques dans une autre éloignée de la première, pourront aider à ce résultat. Ceci implique l'emploi de réserves très mobiles.

Renforcement. — Une partie de la réserve générale rive droite, cantonnée faubourg du Pavé, est envoyée sur Douaumont, à $8^{km}500$, pour coopérer avec les troupes du secteur nord-est à une fausse attaque. Cette colonne comprend trois bataillons et une batterie de sortie.

Bataillons à pied et batterie. — Trajet : une heure trente minutes ; durée d'écoulement : quinze minutes (ces bataillons sont sans sac). Total : une heure quarante-cinq minutes.

Bataillons cyclistes et batterie. — Trajet : une heure (à cause de la montée de la côte Saint-Michel); durée d'écoulement : $3 \times 2\,400$ (cyclistes) $+ 300$ mètres (batterie) $+ 3 \times 400$ (intervalles) $= 8\,700$ mètres ou quarante minutes. Total : une heure quarante minutes.

Comparaison du temps pour renforcer : par deux compagnies à pied. — Une heure trente minutes de trajet; écoulement négligeable.

Cyclistes. — Une heure de trajet, écoulement cinq minutes.

Conclusion. — *Dans la défense des places*, le renforcement par de gros effectifs cyclistes est sans avantage ou même désavantageux par suite du demi-diamètre restreint de la place, 10 kilomètres en moyenne, et des hauteurs à gravir. Les mouvements de deux ou trois compagnies sur une même route donnent quelques avantages de rapidité et de moindre fatigue. Les machines sont déposées à pied d'œuvre et reprises seulement en fin de combat.

Dans l'investissement et le siège, les troupes cyclistes d'un certain effectif, abandonnant leurs machines à pied d'œuvre pour les reprendre en fin de combat seulement, présentent encore des inconvénients considérables : longueur de colonnes, nécessité d'un grand parcours pour compenser la durée d'écoulement par la vitesse du trajet, commandement très difficile.

Le maniement de deux bataillons cyclistes en zone sûre est déjà très lourd.

Un ou deux bataillons cyclistes à chaque réserve générale paraissent être les effectifs maxima à employer; ils serviront de premier renfort en attendant les troupes à pied.

Ces bataillons cyclistes formés de troupes de réserve pourraient être employés après le siège sur les lignes de communication.

III — CONCLUSION

a) *Guerre de campagne.* — J'ai démontré qu'on ne pouvait employer pour combattre en un même point, avec une seule route pour les mouvements en machine, que deux compagnies cyclistes, soit 350 à 400 fusils environ.

C'est l'effectif maximum de fusils cyclistes qui pourra être employé dans toutes les circonstances avec la cavalerie.

Il faut renoncer aux réserves d'armée cyclistes.

b) *Guerre de siège.* — La défense a intérêt à avoir quelques compagnies cyclistes dans ses réserves générales, ou plutôt des compagnies sachant se déplacer en machine. Les renforcements gagnent en rapidité et en moindre fatigue s'ils se font à raison de deux compagnies au maximum par un même chemin. Quatre ou six compagnies cyclistes sont donc un maximum pour la défense.

L'attaque peut employer avec avantage un, deux bataillons cyclistes au maximum par réserve générale.

c) ***Défense des côtes.*** — On trouverait que quelques compagnies cyclistes dans les réserves de secteur ou les réserves générales sont avantageuses.

d) ***Guerre sur les lignes de communication.*** — Les compagnies cyclistes seraient avantageuses et économiseraient des troupes.

La caractéristique essentielle d'ensemble est l'impossibilité d'emploi de forts effectifs.

Il y a donc intérêt, les effectifs étant limités, à leur donner un armement aussi perfectionné que possible pour augmenter le plus possible leur force défensive et même leur force offensive.

Dotez la compagnie cycliste d'une section de mitrailleuses et d'un groupe de six fusiliers-mitrailleurs et sa puissance de feu sera équivalente parfois à celle de deux compagnies, presque toujours à celle d'une compagnie et demie.

J'étudierai, dans un autre article, l'organisation d'une telle compagnie cycliste : en accolant deux de ces compagnies comme soutien habituel de cavalerie, on donne à celle-ci une grande capacité de résistance et une certaine force offensive, on lui permet d'accepter et même de rechercher le combat avec la cavalerie ennemie, même supérieure en nombre.

Je n'insiste pas sur l'exagération manifeste des officiers et écrivains militaires qui déclarent que deux ou trois sections de mitrailleuses vaudront mieux pour la cavalerie qu'une compagnie cycliste : s'agit-il de forcer un point de passage, de former barrage sur un front étendu, de couvrir les cantonnements, d'agir par surprise ou par embuscade, de jour ou de nuit, les cyclistes seront précieux. Moins exclusif, je désire qu'ils soient plus puissants, grâce à l'appoint de mitrailleuses.

L. SABOURDIN

RÉPONSE

DE M. LE CAPITAINE QUIROT

PREMIÈRE PARTIE

Au moment où va s'ouvrir au Parlement la discussion du projet de loi de M. le ministre de la guerre relatif à la constitution des cadres et des effectifs de l'armée, il nous paraît intéressant de rappeler l'attention sur la question de l'infanterie montée à laquelle la diminution de nos effectifs, conséquence de la loi de deux ans et de notre faible natalité, donne une importance nouvelle.

Née du besoin d'assistance qu'éprouve la cavalerie quand elle se porte au loin, elle s'affirme aujourd'hui plus qu'autrefois, en raison de l'aptitude manœuvrière des troupes qui augmente chaque jour et de la très grande extension des fronts de combat, extension qui ne permet l'intervention efficace des réserves au point voulu que si la manœuvre est faite avec rapidité. Aussi la question de l'infanterie montée est-elle actuellement reprise et étudiée dans toutes les armées.

Comme presque toujours, la France a, la première, trouvé une solution qui paraît répondre à tous les besoins, nous voulons parler de l'infanterie cycliste dont la paternité revient au commandant Gérard. Dès que la bicyclette fut donnée aux estafettes, cet officier conçut le projet d'utiliser ce mode de transport pour des petites unités d'infanterie. Mais il fut frappé, dès le début, du grave inconvénient que présente la bicyclette rigide pour des combattants. Ceux-ci, embarrassés de leurs montures dès qu'ils prennent le contact de l'ennemi ou qu'ils sont obligés de sortir des routes doivent, pour conserver la liberté de leurs mouvements, se séparer de leurs machines ; ils éprouvent alors les mêmes inconvénients que les cavaliers qui, combattant à pied, sont toujours inquiets du sort de leurs chevaux.

Le premier, en 1894, le commandant Gérard émit cette idée : « Faisons porter le cycle par le cycliste là où le cycliste ne peut être porté par le cycle et le problème de l'infanterie montée sera résolu. »

Et, entrant dans le domaine de l'application, il présenta un modèle de bicyclette pliante et portative. L'outil trouvé, il fallait le mettre en œuvre.

Commencée en 1895, la période des essais dure encore. Elle a été marquée au début par la création de quelques pelotons cyclistes à l'effectif de 2 officiers et 60 hommes de troupe. Dans les missions variées qui leur furent confiées, ces pelotons, et surtout la compagnie du 147ᵉ organisée par le capitaine Gérard, montrèrent tout le parti que l'on peut tirer de l'infanterie cycliste. Cependant, l'effectif réduit des pelotons cyclistes et l'indépendance relative qui les faisait échapper à peu près complètement à toute direction supérieure, au double point de vue de l'instruction et de l'administration, conduisirent à l'organisation actuelle qui date du mois d'août 1903. A cette époque, les éléments des pelotons existants furent versés dans cinq bataillons de chasseurs (2ᵉ, 4ᵉ, 9ᵉ, 18ᵉ et 25ᵉ) pour former le noyau des nouvelles unités obtenues par la transformation des compagnies à pied en compagnies cyclistes.

Les compagnies ne tardèrent pas à acquérir les qualités de souplesse et d'aptitude manœuvrière particulières aux cyclistes. Employées le plus souvent comme soutiens de cavalerie ou comme infanterie entrant dans la constitution de détachements légers, elles rendirent de très utiles services et donnèrent l'impression que les cyclistes bien employés peuvent être de puissants auxiliaires des trois armes.

En août 1905, un bataillon provisoire, obtenu par le groupement de quatre des compagnies existantes, fut organisé et le commandement en fut donné au commandant Gérard. Exercé pendant un mois au camp de Châlons, ce bataillon prenait ensuite part aux grandes manœuvres de l'Est. Les missions les plus importantes remplies par le bataillon employé comme organe de corps d'armée ou d'armée ont été les suivantes :

Occupation de points d'appui éloignés en avant de l'avant-garde (journées des 4 et 8 septembre).

Réserve mobile du corps d'armée et de l'armée (journées des 4 et 9).

Action contre le flanc d'un corps d'armée ennemi (journée du 5).

Protection de la retraite d'un corps d'armée (journée du 6).

Liaison entre les deux colonnes d'un corps d'armée (journée du 8).

Infanterie adjointe à une division de cavalerie (journée du 10).

Action à une aile de l'armée (journées des 10 et 11).

Mouvements rapides d'une aile à l'autre (journées des 4 et 10).

En accomplissant ces différentes missions, le bataillon mit en valeur les propriétés caractéristiques de l'infanterie cycliste : souplesse, capacité de marche supérieure à celle des autres armes, aptitude à la manœuvre et au combat. On peut dire que, pratiquement, l'épreuve du bataillon fit tomber une à une les critiques adressées depuis longtemps aux cyclistes, critiques si souvent répétées, que leur énumération est devenue un véritable lieu commun.

Quoi qu'il en soit, au lendemain des manœuvres, le bataillon provisoire était dissous, et les compagnies qui le formaient rejoignaient leurs garnisons respectives. Depuis cette époque, aucun changement appréciable n'a été apporté à l'organisation cycliste. Cet état languissant de la question est d'autant plus regrettable, qu'un courant d'opinion favorable aux cyclistes s'est établi à l'étranger à la suite des expériences faites en France.

Déjà l'Italie possède douze compagnies cyclistes, la Belgique cinq et les autres puissances semblent décidées à entrer prochainement dans la voie de la création d'unités cyclistes.

Voici du reste où en est actuellement cette question en France et dans quelques-unes des armées étrangères.

France. — Actuellement les compagnies cyclistes sont au nombre de cinq : trois sont stationnées dans la 6ᵉ région et deux dans la 20e. Incorporées dans cinq bataillons de chasseurs (2e, 4e, 9e, 18e et 25e), leur effectif de paix est de :

1 capitaine ;

3 lieutenants ;

120 cyclistes dont 4 mécaniciens et un infirmier.

A l'exception du béret qui est remplacé par un képi, la tenue du cycliste est à peu près la même que celle du chasseur alpin [1].

L'armement est le même que celui du fantassin, le fusil est porté en bandoulière au moyen d'une bretelle à rallonge [2].

Le cycliste ne pouvant pas porter le havresac, les effets et objets qui lui sont nécessaires sont répartis en deux paquetages : le collet, un jersey et une serviette roulés et arrimés sur le guidon de la bicyclette ; le reste des effets enfermés dans une musette forme un ballot individuel qui est chargé sur l'un des fourgons de la compagnie.

La bicyclette est à cadre pliant, ce qui permet au cycliste de devenir en une minute ou une minute et demie un fantassin portant sur son dos sa machine à la façon d'un havresac.

Sans chargement, la bicyclette pèse 15^{kg}550 ; avec le paquetage le chargement du cycliste, portant sa machine, varie entre 18^{kg}500 et 19 kilos.

Les voitures attelées formant le train de chaque compagnie seraient avantageusement remplacées par des automobiles de réquisition au moment de la mobilisation, ainsi la liaison serait plus étroite entre la compagnie et son train.

Cette année pour se rendre aux manœuvres du Centre et pour rejoindre leurs garnisons à l'issue des manœuvres, chacune des quatre compagnies cyclistes qui doivent former un bataillon sera pourvue d'un camion automobile pouvant transporter un poids utile de 1 tonne et demie. Devant être employés au ravitaillement des corps d'armée pendant la période des manœuvres proprement dites, ces camions automobiles seront remplacés dans les

---

[1] Le pantalon est remplacé par une culotte arrêtée aux genoux par une manchette. Un capuchon mobile en toile cachou fixé au col de la vareuse est actuellement à l'essai ; quand il ne sert pas, ce capuchon est dissimulé sous le col de la vareuse.

[2] La partie supérieure de la poignée de la baïonnette est fixée au porte-épée par un passant en cuir pour empêcher le balancement du fourreau qui en pénétrant dans la roue arrière de la bicyclette pourrait provoquer des chutes ou briser des rayons.

compagnies cyclistes par deux fourgons à deux chevaux. Il eût été intéressant de conserver au bataillon son train automobile pendant la période active des manœuvres, afin de constater pratiquement les avantages et les inconvénients que l'emploi de cet organe présente.

Allemagne. — Il n'existe pas encore en Allemagne d'unités cyclistes permanentes, mais nos voisins emploient fréquemment des détachements de patrouilles et des groupes cyclistes. Les détachements, quand ils sont formés, sont obtenus par voie de prélèvement dans différentes unités de troupe. Chaque bataillon d'infanterie disposant de six cyclistes peut en détacher cinq[1], ainsi une division de douze bataillons peut avoir une troupe de soixante hommes et, le corps d'armée, une compagnie d'environ cent cinquante hommes, y compris les cyclistes des chasseurs et des pionniers très nombreux.

Ce système présente au moins le grave inconvénient que les détachements ainsi formés n'ont aucune cohésion, puisque les cadres et les hommes venus de différents corps ne se connaissent pas et ont reçu une instruction différente.

C'est d'ailleurs l'avis du major Hoppenstedt, qui, en 1905, fut chargé du perfectionnement tactique des cyclistes de son corps d'armée. A la suite des expériences qu'il fit au camp d'Elsenborn, le major Hoppenstedt publia une brochure dont voici la conclusion[2] :

« Le contenu de cette étude ne peut laisser aucun doute sur la grande importance que j'attache à l'action des unités cyclistes et des détachements de patrouilles. Ils peuvent rendre de très précieux services notamment avant l'engagement, aussi bien comme soutien de la cavalerie pendant l'exploration, dans la sûreté, la couverture et la transmission des ordres, que dans les missions indépendantes.

« Cela est particulièrement important parce que, du côté français, non seulement la cavalerie du service de sûreté de première ligne sera numériquement supérieure, mais aussi parce qu'elle

---

[1] Le bataillon peut alors remplacer ces cinq cyclistes par des cyclistes de la réserve.

[2] *Patrouillen und Radfahrer-Kommandos in Lehre und Beispiel*, von HOPPENSTEDT, pages 105 et 106.

sera soutenue efficacement par des colonnes mobiles de toutes armes et des unités cyclistes organisées dès le temps de paix.

« S'ils ne sont pas suffisamment paralysés, ils constitueront, en raison de la grande portée et de l'efficacité des armes actuelles, un danger appréciable pour les colonnes en marche, particulièrement pour l'artillerie et les trains dont ils peuvent, en très peu de temps, et au moment critique, diminuer sérieusement la capacité de mouvement. »

Définissant ensuite le rôle que, selon lui, l'infanterie cycliste pourra remplir, le major Hoppenstedt ajoute ([1]) :

« Elle peut avoir à jouer des rôles beaucoup plus importants dans la poursuite, dans la retraite, dans la couverture et la guerre d'étapes, dans les sièges et dans maintes circonstances, mais ces rôles sont difficiles et pour bien les remplir, elle doit être exercée et commandée par un chef qualifié.

« Cela ne semble pas suffisamment garanti avec nos formations éventuelles de cyclistes; en tout cas, les compagnies cyclistes permanentes des autres armées ont sur elles l'avantage de pouvoir techniquement et tactiquement être beaucoup mieux préparées à leur mission en campagne. »

Angleterre. — Dans l'armée anglaise, la tendance actuelle est de transformer une partie de la cavalerie en infanterie montée. L'année dernière, M. Haldane, ministre de la guerre, a prévu dans son projet de réorganisation de l'armée anglaise, la formation de deux brigades montées (*mounted brigade*) comprenant chacune deux bataillons d'infanterie montée, un régiment de cavalerie et une batterie à cheval. — Dans l'esprit du ministre, ces brigades montées seraient chargées du service tactique de sûreté de première ligne, de manière à laisser à la division de cavalerie la mission stratégique d'exploration. Il est probable, ainsi que l'indique l'auteur auquel nous empruntons le compte rendu du projet ([2]), que ces brigades très spécialement appropriées fourniront les détachements mixtes de reconnaissance dont l'emploi pourrait fort bien être devenu indispensable.

([1]) *Patrouillen und Radfahrer-Kommandos in Lehre und Beispiel*, von HOPPENSTEDT pages 105 et 106.

([2]) Lieutenant-colonel breveté B... *Revue militaire générale*, mars 1907, p. 283.

On s'explique facilement que l'armée anglaise, appelée à opérer hors d'Europe, dans des pays où le réseau routier est loin d'être aussi riche que le nôtre, donne la préférence à l'infanterie montée à cheval, comme elle l'a fait pendant la guerre sud-africaine.

Bien que l'Angleterre ne possède pas d'unités cyclistes permanentes, chaque régiment d'infanterie de volontaires peut disposer d'une compagnie cycliste de 100 hommes, dont la liste existe dès le temps de paix. En cas d'invasion de l'île, ces compagnies seraient constituées avec les volontaires inscrits sur les contrôles, lesquels apporteraient leurs bicyclettes en rejoignant leur corps.

Chaque compagnie ainsi mobilisée resterait intimement liée à son régiment d'origine pour servir d'avant-garde et faire le service d'éclaireurs ([1]).

Italie. — L'armée italienne compte actuellement douze compagnies cyclistes, à raison d'une par régiment de bersagliers et une treizième compagnie en Sardaigne ([2]).

L'effectif de paix de ces compagnies est de 4 officiers (1 capitaine et 3 lieutenants), 4 sous-officiers et 80 hommes. Sur le pied de guerre, l'effectif est porté à 6 officiers (1 capitaine et 5 lieutenants) et 120 hommes de troupe. Les bicyclettes employées sont pliantes.

Destinées à renforcer les divisions de cavalerie, les compagnies cyclistes restent en temps de paix au siège des régiments de bersagliers auxquels elles appartiennent. Aux manœuvres, elles sont employées comme soutien de cavalerie ou comme infanterie des détachements légers.

En ce moment, dans un but d'étude, on forme, à Bologne, un bataillon provisoire avec les compagnies cyclistes des 3e, 5e, 6e et 9e bersagliers. — Dans certains milieux italiens, on prétend que cette mesure n'est que le premier pas vers une augmentation importante du rôle et du nombre des unités cyclistes. — L'Italie

---

([1]) Au mois d'août dernier, une compagnie cycliste prit part à des manœuvres de division exécutées par les troupes territoriales (infanterie, cavalerie, artillerie). L'objet de ces manœuvres était la défense de Londres et de ses environs contre les attaques d'un ennemi hypothétique.

([2]) Cette compagnie a été formée pour la défense territoriale et peut-être aussi par raison d'ordre public.

serait, en effet, à la veille de transformer ses 24 régiments de cavalerie à 6 escadrons en 29 régiments à 4 escadrons auxquels on adjoindrait des cyclistes.

Ainsi, la cavalerie italienne serait renforcée non avec des chevaux, mais avec des cyclistes.

D'après le journal *Il resto del Carlino* de Bologne, qui publia, le 8 septembre 1908, un article intitulé : « Épreuves victorieuses des bersagliers cyclistes », le bataillon, venu de Bologne, a pris part, du 23 au 29 août, à des exercices exécutés par les troupes du camp de Spilambergo entre le Tagliamento et le Meduna.

L'expérience porta sur les points suivants au cours des six exercices exécutés :

1ᵉʳ exercice. — Réserve cycliste tenue à grande distance et intervenant dans l'action à temps pour le moment de la crise.

2ᵉ exercice. — Défense d'une ligne étendue par le bataillon auquel deux batteries d'artillerie et des mitrailleuses furent adjointes.

3ᵉ exercice. — Avant-garde légère lancée en avant pour occuper des points importants et préparer l'action du gros.

4ᵉ et 5ᵉ exercices. — Poursuite de troupes en retraite.

6ᵉ exercice. — Action des cyclistes envoyés de loin pour dégager une arrière-garde compromise.

Cette première grande expérience, dans le domaine de la pratique, dit le correspondant du journal, confirma les espérances qu'on avait conçues sur cette nouvelle troupe.

A la suite de ces exercices, le bataillon cycliste entreprit une période de courtes excursions ayant pour but d'étudier le terrain du bas Frioul et d'entraîner les réservistes incorporés dans les compagnies seulement depuis quelques jours, en vue des fatigues des prochaines manœuvres avec la cavalerie.

Arrivé à Pordenone le 1ᵉʳ septembre au soir, le bataillon fut affecté à la division de cavalerie bleue commandée par S. A. R. le comte de Turin, laquelle représentait le parti national. Ce bataillon resta à Pordenone le 2 et le 3 et commença ensuite avec la cavalerie les manœuvres contre le parti envahisseur (rouge) qui s'était rassemblé dans les environs d'Udine aux ordres du général Baratieri di S. Pietro.

« Il est regrettable, dit le correspondant, que ces manœuvres aient un caractère tout à fait confidentiel et que la presse ne puisse connaître d'elles que ce qui sera communiqué par un bureau spécial placé près de la direction des manœuvres. »

L'auteur de l'article expose ensuite les avantages que présente l'emploi des troupes cyclistes dans l'exploration, la couverture, et comme réserve mobile du champ de bataille.

Enfin il conclut :

« Et à présent, en attendant que cette importante expérience ait une suite plus complète, souhaitons à l'Italie que nos gouvernants sachent, avec une vision sûre de l'avenir, transformer au plus vite bon nombre de bataillons de bersagliers en bataillons cyclistes et les placer près de notre frontière orientale pour assurer nos bons habitants du Frioul et de la Vénétie que leur présence sera plus que suffisante pour empêcher cette fameuse marche triomphale des divisions de cavalerie autrichienne, lesquelles, suivant un de leurs commandants, devraient en peu de jours venir s'abreuver dans la Piave [1]. »

Russie. — La Russie n'a pas d'unités cyclistes permanentes, mais des éclaireurs d'infanterie, au nombre de quatre à six par compagnie [2], sont munis de bicyclettes.

Aux manœuvres, on réunit ces éclaireurs, soit dans le bataillon, soit dans le régiment, soit dans la division. — Dans cette dernière unité, ils forment un bataillon à l'effectif minimum de 256 hommes. C'est en somme le système allemand, avec cette différence que l'effectif du groupe est plus fort.

Dans l'Ouest russe, le chiffre de 16 éclaireurs par compagnie est

---

[1] Dans son troisième rapport (décembre 1908), la commission d'enquête sur l'administration du ministère de la guerre exprime le vœu que les régiments de bersagliers soient ramenés de 12 à 6.

Quatre de ces régiments constitueraient deux nouvelles brigades, les deux autres constitueraient un corps autonome de cyclistes à deux régiments (6 bataillons, 24 compagnies) remplaçant les douze compagnies actuellement existantes dans les régiments de bersagliers.

Le ministre de la guerre tenant compte de ce vœu se propose de modifier l'organisation actuelle des bersagliers. Les régiments seront toujours au nombre de douze, mais chaque régiment sera constitué à trois bataillons de trois compagnies. Sur les trente-six compagnies supprimées, douze constitueront quatre bataillons autonomes de bersagliers-cyclistes, chaque bataillon ayant trois compagnies (*France militaire* du 13 mars 1909).

[2] Leur nombre tend à devenir égal à 16 dans toutes les compagnies.

atteint dans la plupart des unités. L'effectif du bataillon peut alors atteindre 1 000 hommes.

Le rôle le plus souvent dévolu aux cyclistes est celui de soutien de la cavalerie.

L'exposé qui précède montre une tendance accentuée vers l'emploi des cyclistes comme infanterie légère. Presque partout on s'accorde à leur reconnaître une réelle valeur, surtout comme soutien de cavalerie. Mais les avis diffèrent généralement sur deux points :

1° Est-il nécessaire d'avoir des unités permanentes, ou suffit-il de grouper des éclaireurs d'un certain nombre d'unités pour en former des détachements éventuels ?

2° Quelle doit être l'importance de l'unité cycliste ?

Nous avons déjà indiqué le défaut de cohésion des détachements éventuels tels que ceux employés en Allemagne et en Russie. Il est facile de se rendre compte que le commandement de ces détachements, formés d'éléments divers, présente une réelle difficulté, et que le rendement de pareils groupements sera toujours inférieur à celui d'unités permanentes. La guerre russo-japonaise ne vient-elle pas de nous montrer les inconvénients des commandements improvisés et des groupements éventuels ? Il faut aussi prévoir que les groupes cyclistes appelés à agir en liaison ou en détachement avec la cavalerie, pourront quelquefois rester pendant plusieurs jours loin des grandes unités. Dans le cas d'un détachement cycliste éventuel n'ayant ni train de combat, ni train régimentaire, comment seront assurés l'alimentation et le réapprovisionnement en munitions et en matériel ?

Pour ces raisons, les unités permanentes s'imposent et, si dans certaines armées on en est encore aux groupements éventuels, ce n'est plus pour longtemps.

En ce qui concerne l'importance à donner aux unités cyclistes en France, les uns sont d'avis de s'en tenir aux compagnies cyclistes dont on augmenterait le nombre, les autres demandent la création de bataillons cyclistes. La raison de cette divergence d'opinion est que chacun de ceux qui se sont intéressés aux cyclistes a une conception particulière de leur emploi à la guerre. Sans parler de l'expérience faite en 1905 avec le bataillon cycliste provisoire, la seule que l'on puisse invoquer puisque les cyclistes, nés d'hier, n'ont encore été employés par aucune armée en campagne, qu'il nous soit permis de donner ici l'avis de quelques personnalités.

L'opinion du commandant Gérard est trop connue pour que nous ayons à l'exposer en détail. S'appuyant sur les expériences qu'il a dirigées pendant près de quinze ans, tant comme capitaine que comme commandant du bataillon cycliste provisoire en 1905, il a développé ses idées dans nombre d'articles et dans deux études : *Infanterie cycliste en campagne*[1], et *Conséquences tactiques de la création de l'infanterie cycliste*[2] ; le premier il a préconisé la création de bataillons cyclistes. Nous n'insisterons pas autrement sur les idées personnelles du commandant Gérard, véritable créateur de l'infanterie cycliste.

Le commandant Jibé, dans l'*Armée nouvelle,* se déclare partisan de l'emploi des cyclistes, mais seulement comme soutien de la cavalerie. Il conclut à la nécessité de porter de cinq à huit le nombre de nos compagnies cyclistes (une pour chacune de nos divisions de cavalerie indépendante) et de placer ces compagnies auprès des commandants de ces divisions, tout en les rattachant, au point de vue de l'administration et de l'instruction, à un régiment d'infanterie ou à un bataillon de chasseurs, sans toutefois qu'elles fassent partie de cés corps de troupe.

La plupart de ceux qui publient en ce moment des relations de la guerre russo-japonaise s'accordent aussi à reconnaître les services qu'aurait pu rendre une bonne infanterie montée, aussi bien aux Russes qu'aux Japonais. Dans son ouvrage sur la guerre russo-japonaise, le commandant Meunier, parlant du rôle de la cavalerie, s'exprime ainsi :

« Il n'en est pas moins vrai que les procédés d'attaque modernes réduisent à néant le rôle de la cavalerie sur le front ; c'est aux ailes ou sur les derrières de l'ennemi qu'elle pourra faire des di-

---

[1] *Infanterie cycliste en campagne* (Berger-Levrault et Cie, 1898).

[2] Dans cette étude, le commandant Gérard reprend le thème traité par le général Langlois dans *Conséquences tactiques des progrès de l'armement*. On sait que le général met en présence deux armées animées de deux doctrines différentes. Le commandant Gérard, dotant d'un bataillon cycliste chacun des corps de l'armée de l'Est, montre d'une manière saisissante les résultats qui auraient pu être obtenus par l'intervention de cette infanterie cycliste.

versions puissantes, à la condition d'être accompagnée par le canon et la mitrailleuse, et au besoin par des bataillons cyclistes dont le général Langlois réclame avec tant d'insistance et de raison la création. »

Le commandant Meunier ajoute que la transformation de nos bataillons de chasseurs en bataillons cyclistes donnerait à la cavalerie une puissance offensive dont les conséquences seraient incalculables.

De son côté, le général Langlois a traité, avec sa haute autorité, la question des cyclistes dans ses études sur la défense nationale et dans la *Revue Bleue* (numéros des 19 août et 18 novembre 1905). Parlant des bataillons cyclistes dont il demande la création, le général dit que l'hostilité qui s'est manifestée contre eux tient en partie à ce que l'on ne se rend pas compte de l'emploi tactique à assigner à ces grosses unités.

« La base même, dit-il, c'est-à-dire une doctrine, manque à la discussion. La doctrine que nous défendons depuis bien des années est d'opposer à la méthode allemande de l'enveloppement quand même, considérée comme la panacée unique et infaillible de la victoire, la manœuvre qui réclame par-dessus tout la vitesse et la souplesse. D'une manière générale, pour parer à l'enveloppement, il nous faut des réserves extrêmement mobiles ; jusqu'ici, nous ne les trouvions que dans la cavalerie et l'artillerie, qui sont tout à fait insuffisantes pour une action vigoureuse et durable ; une infanterie à allure rapide nous est indispensable. Or, l'infanterie montée présente tous les inconvénients de la cavalerie, sans en avoir la vitesse, et, en attendant que nous ayons trouvé pour nos fantassins les bottes de sept lieues du Petit Poucet, nous voyons dans l'emploi de la bicyclette un excellent moyen d'atteindre le but cherché (¹). »

D'après l'ancien commandant du 20ᵉ corps, le rôle capital des grosses unités cyclistes est de former des réserves d'armée extrêmement mobiles ; pour constituer ces réserves, il propose d'affecter un bataillon cycliste à chaque corps d'armée. Ainsi, dans une armée de quatre corps, la réserve mobile comprendrait une brigade ou une division de cavalerie avec une ou deux batteries à cheval

---

(¹) *Revue Bleue* du 19 août 1905, p. 231.

et quatre bataillons cyclistes avec un ou deux groupes de batteries montées. Une telle force, lancée rapidement sur un des flancs de l'armée donnera à celle-ci le temps de manœuvrer avant que l'enveloppement de l'ennemi ait produit ses effets.

Le général Langlois préconise encore l'emploi des cyclistes dans les circonstances suivantes :

« Qu'une armée ait ses flancs appuyés à des massifs forestiers étendus, comme cela peut se présenter dans nos régions, un ou deux bataillons cyclistes munis des outils portatifs nécessaires à l'abatage des arbres rendront les routes et les chemins très rapidement impénétrables à l'artillerie et à la cavalerie ennemies, et ralentiront d'une façon très efficace la marche de l'infanterie ennemie ; ainsi l'enveloppement sera rendu sinon impossible, du moins lent, pénible et inoffensif. »

Enfin, parlant des détachements de couverture, le général Langlois voudrait voir entrer des cyclistes dans leur composition à cause de la grande mobilité nécessaire à ces organes.

« Les bataillons cyclistes, dit-il, sont tout indiqués pour fournir les détachements les plus éloignés du gros du corps d'armée, ceux qui auront les plus grands trajets à parcourir. Dès que la bataille sera engagée, dès que les avant-gardes des corps seront aux prises, les bataillons cyclistes viendront promptement former la partie mobile de la réserve générale au point prescrit par le commandant des troupes, avec lequel les bataillons doivent rester constamment en relation, ce qui leur est facile, grâce à la vitesse de leurs éléments. »

Comme on le voit, si les cyclistes ont été l'objet de critiques de la part de quelques officiers, leur incontestable utilité est reconnue par un certain nombre d'écrivains militaires et non des moindres.

Si maintenant nous tenons compte : d'une part, que la loi de deux ans en donnant son plein effet entraîne dès aujourd'hui une diminution appréciable dans l'effectif de l'infanterie de notre armée de première ligne et, d'autre part, que l'augmentation certaine de notre artillerie prévue par la loi des cadres, exigera un nouveau prélèvement sur l'effectif de l'infanterie, nous sommes amenés à chercher le moyen de compenser notre infériorité numérique par une meilleure qualité de notre infanterie. Nous avons la conviction absolue que l'infanterie cycliste, grâce à sa vitesse et à son aptitude manœuvrière, est capable de nous donner cette compensation que nous cherchons.

D'ailleurs, indépendamment des services qu'elle peut rendre comme soutien offensif de la cavalerie, comme infanterie légère entrant dans la constitution des détachements légers ou dans les réserves d'armée, l'infanterie cycliste est, par excellence, l'infanterie des troupes de couverture.

Il est inutile de revenir sur les conditions dans lesquelles se ferait la mobilisation des deux côtés des Vosges, en cas de conflit, le sujet a été traité par maints écrivains militaires depuis deux ans, et l'on sait que nous devons compter avoir un léger retard sur nos voisins.

Que l'on suppose un certain nombre de bataillons cyclistes échelonnés entre la trouée de Belfort et la Meuse ; ces bataillons ayant leur effectif renforcé dès le temps de paix, pourraient, en quelques heures, être portés assez loin de notre ligne de concentration pour barrer les routes pénétrantes, arrêter les détachements ennemis qui chercheraient à venir troubler notre mobilisation. Bientôt rejoints par nos premières troupes de cavalerie, ils pourraient accomplir la mission capitale des troupes de couverture qui est de gagner du temps. La mobilité de ces bataillons cyclistes les rend particulièrement aptes à ce rôle. La concentration terminée, ils entreraient dans les grandes unités auxquelles ils seraient affectés.

En terminant cet aperçu, qu'il nous soit permis d'espérer que la nouvelle expérience, faite cette année, aux manœuvres de Sologne avec un bataillon cycliste, soit aussi concluante que celle de 1905, et que la France soit dotée la première de cette infanterie qu'elle doit à son génie créateur.

DEUXIEME PARTIE

L'auteur, prenant pour base de son travail une situation hypothétique de couverture aux premiers jours de la mobilisation,
expose d'abord les possibilités d'emploi des unités cyclistes avec
la cavalerie. Passant ensuite aux bataillons et groupes de bataillons réserve d'armée, il analyse les expériences faites en France
en 1905 et en Italie en 1907. Enfin, il complète son étude en
recherchant les services que peuvent rendre les unités cyclistes
dans la guerre de siège.

De ces conclusions, nous ne retiendrons que celles relatives à
la guerre de campagne, à savoir que l'effectif maximum de fusils
cyclistes susceptible d'être employé avec la cavalerie ne dépasse
pas 350 à 400 fusils et que les réserves d'armée cyclistes sont
impossibles.

Examinons les difficultés ou impossibilités qui, d'après l'auteur,
s'opposent à l'emploi de forts groupements cyclistes ; elles peuvent se résumer ainsi :

Marches :

1° Longueur extraordinaire des colonnes ;

2° Nécessité de pourvoir d'un certain effectif de cavalerie de
sûreté une colonne cycliste se mouvant en zone non sûre et, par
suite, réduction de la vitesse de marche à 8 ou 9 kilomètres à
l'heure.

Combat :

1° Difficultés de croisement des colonnes ;

2° Difficultés de transmission des ordres ;

3° Impossibilité de combattre machine au dos.

*Bataillons et groupes de bataillons cyclistes éléments de réserve
d'armée :*

1° Longueur extraordinaire des colonnes de route, même en
utilisant deux ou trois chemins pour huit ou dix bataillons ;

2° Dangers d'arrêt ou d'allongement et de désordre causés par
le moindre encombrement sur une route ;

3° Impossibilité de croisement avec une autre colonne ;

4° Difficultés considérables de commandement et de transmission des ordres ;

5° Impossibilité de mettre machine au dos pour combattre.

Marches. — 1° *Longueur extraordinaire des colonnes.* — Pour la recherche de cette longueur, l'auteur prend pour base la colonne par deux à laquelle il fait mettre pied à terre en arrivant au bas d'une rampe. Il arrive ainsi à trouver que, pour assurer le libre écoulement de la colonne, la compagnie occupant 300 mètres en profondeur, une distance de 400 mètres doit séparer les compagnies. Dans ces conditions, la longueur de la colonne de route d'un bataillon serait de 2 400 mètres ; celle de deux bataillons serait de 5 200 mètres.

Ces chiffres sont, à notre avis, très exagérés et nous croyons avoir trouvé la cause principale de cette exagération dans la méthode employée par l'auteur pour déterminer la distance qui doit séparer deux compagnies cyclistes successives. Les distances laissées entre les éléments formant une colonne sont destinées, non pas à permettre aux unités subordonnées de garder leur allure quand la vitesse de l'élément de tête est brusquement modifiée, mais à permettre l'allongement des unités dans la marche normale. L'allongement peut ainsi se produire sans avoir de répercussion sur la marche des autres éléments de la colonne.

En appliquant le raisonnement de l'auteur ([1]) aux colonnes de cavalerie, on trouverait qu'une distance de 210 mètres ou de 420 mètres devrait séparer les escadrons, selon que la marche a lieu sur quatre ou sur deux.

Considérons en effet deux escadrons A et B en marche au trot sur la route X—Y au moment H, où l'escadron A arrive en Y, il prend le pas (100 mètres par minute). L'escadron ayant 150 mètres de longueur

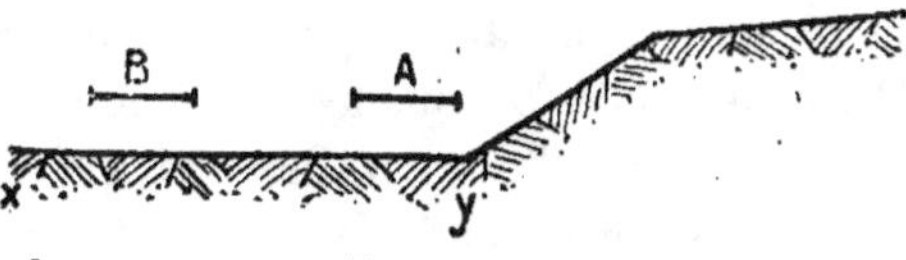

([1]) Voir page 6.

(quand il marche sur quatre), la dernière file arrive en Y à $H + \dfrac{150}{100} = H + 1$ minute et demie. L'escadron B marchant au trot (240 mètres par minute) gagne 140 mètres (240 — 100 = 140) par minute sur l'escadron A ; pendant la minute et demie que dure l'écoulement de l'escadron A au point Y, l'escadron B gagne 210 mètres (140 × 1,5 = 210) sur l'escadron A.

Les escadrons A et B devraient donc être séparés par une distance de 210 mètres pour assurer le libre écoulement de la colonne. Cela conduirait pour une division à quatre régiments marchant sur quatre, sans avant-garde, à une longueur de 5 550 mètres, indépendamment de la longueur qu'occupe son artillerie dans la colonne (16 escadrons à 150 mètres = 2 400 mètres et quinze distances de 210 mètres = 3 150 mètres).

En réalité, cette longueur est de 3 200 mètres, parce qu'il est tenu compte seulement d'un quart de la profondeur de la colonne pour l'allongement.

Cherchons maintenant à nous rendre compte de la longueur réelle que peut avoir une colonne cycliste d'un ou deux bataillons et, pour cela, plaçons-nous dans le cas où la marche doit avoir lieu sur deux, ce qui n'est pas le cas général, comme nous le verrons tout à l'heure.

En laissant, comme l'auteur, 1 mètre entre chaque file cycliste et 10 mètres entre chaque section, la profondeur de la compagnie en colonne est de 275 mètres. Prenons une distance de 50 mètres entre les compagnies et nous arrivons à une profondeur de 1 250 mètres pour un bataillon de quatre compagnies à 170 fusils chacune.

Prenons 300 mètres entre deux bataillons, et la colonne de deux bataillons cyclistes atteint 2 800 mètres.

Nous sommes loin des chiffres trouvés précédemment (2 400 mètres pour un bataillon, 5 200 mètres pour deux bataillons). Remarquons que nous avons néanmoins laissé 570 mètres pour l'allongement d'un bataillon ce qui fait plus d'un tiers, alors qu'on ne laisse qu'un dixième pour l'infanterie et un quart pour la cavalerie.

Ajoutons que la marche sur trois n'est pas exceptionnelle, même en Lorraine, et que, dans ce cas, la longueur d'un bataillon est seulement 950 mètres (¹), ce qui fait 2 200 mètres pour une colonne de deux bataillons.

L'expérience de 1905 a d'ailleurs été concluante à ce sujet. Le bataillon cycliste a pu marcher sur trois pendant toute la période des manœuvres ; sa profondeur pour un effectif roulant de 430, a été de 500 mètres environ, ce qui correspond à 800 mètres pour un bataillon de 680 fusils. Il est juste de dire que les routes de la Champagne sont en général plus favorables que les chemins de la Lorraine, et que si le bataillon est arrivé à marcher dans une formation aussi serrée, il faut l'attribuer à un dressage et à un entraînement préalables. Aussi, tenant compte que cette longueur a pu être réalisée seulement grâce aux circonstances locales très particulières, nous admettons 950 mètres comme la longueur moyenne d'une colonne de bataillon marchant sur trois.

Pour en finir avec cette question de la longueur des colonnes, il est bon de rappeler : 1° que dans des conditions normales de temps et de viabilité des chemins, des cyclistes bien entraînés peuvent gravir en machine des rampes de 6 à 7 °/₀, à la condition que la longueur de ces rampes n'atteigne pas plusieurs kilomètres. Cela diminue le nombre des cas dans lesquels la colonne cycliste doit mettre pied à terre ; 2° que la marche sur deux est imposée par l'étroitesse des chemins et leur mauvais état d'entretien. On nous accordera que dans ce cas toute autre troupe subirait elle-même ces inconvénients, soit en marchant sur deux (une colonne cycliste sur trois tient une largeur de route moindre qu'une colonne d'infanterie ou de cavalerie sur quatre), soit en subissant un allongement supérieur au dixième (allongement normal dont il est tenu compte pour calculer la longueur des colonnes d'infanterie).

Ainsi donc, cette longueur donnée comme excessive des colonnes cyclistes est de 950 mètres (marche sur trois), ou 1 250 mètres (marche sur deux) par bataillon, avec une distance de 300 mètres entre les bataillons, soit le double et le triple de la longueur du bataillon à pied.

L'inconvénient que peut présenter cette longueur au point de

(¹) Longueur d'une section sur trois avec 1 mètre de distance entre les files : 41ᵐ 40.
Longueur d'une compagnie, y compris 10 mètres entre les sections : 200 mètres.
Longueur d'un bataillon avec 50 mètres entre les compagnies : 950 mètres.

vue de l'écoulement, quand la troupe est appelée à intervenir, est largement compensé par la vitesse de sa marche pour arriver à pied d'œuvre et aussi par la rapidité avec laquelle les éléments d'une colonne cycliste peuvent serrer sur la tête.

Nous croyons avoir montré par le raisonnement et aussi en nous appuyant sur l'expérience de 1905 : 1° que la marche sur trois n'est pas exceptionnelle, mais qu'elle est au contraire la formation habituelle ; 2° que la longueur des colonnes cyclistes n'a rien d'excessif ; cette longueur est, à peu de chose près, la même que celle des colonnes de cavalerie (un régiment de 600 sabres marchant sur quatre occupe 800 mètres, un bataillon de 680 fusils marchant sur trois, 950 mètres).

Si nous reprenons l'exemple (¹) de la marche de la colonne cycliste (deux bataillons cyclistes, un escadron et deux batteries à cheval) de Bayon sur Vallois, par Froville, Clayeures, Moriviller, Remenoville, Seranville, nous trouvons que la longueur de cette colonne marchant sur deux serait de 5 200 mètres, y compris les distances qui doivent séparer les différents échelons, au lieu de 7 600 mètres (chiffre trouvé par l'auteur).

2° Nécessité de pourvoir d'un certain effectif de cavalerie de sûreté une colonne cycliste se mouvant en zone non sûre, et, par suite, réduction de la vitesse de marche à 8 ou 9 kilomètres à l'heure. — Nous ne pensons pas que les cyclistes doivent renoncer aux services précieux que peuvent leur rendre des cavaliers. Nous pensons au contraire que le principe de la liaison des armes leur est applicable comme à l'infanterie et à l'artillerie, et que la sécurité d'une colonne cycliste repose sur les flancs-gardes et sur la cavalerie, comme celle des colonnes des autres armes. Comment admettre que cyclistes et cavaliers, agissant en détachement, les cyclistes se priveraient des services des cavaliers ?

Aussi sommes-nous d'avis que chaque fois que la chose est possible, la cavalerie doit apporter son concours aux cyclistes tant pour le service de la pointe que pour celui des flanqueurs.

Ce n'est que dans le cas où une colonne cycliste sera privée de cavaliers qu'elle assurera elle-même sa sécurité complète.

Dans le cas particulier de la colonne cycliste allant de Bayon à

(¹) Voir page 7.

Vallois par Moriviller, la sûreté sur le flanc gauche sera assurée entre Bayon et Moriviller par une compagnie passant par Brémoncourt et Einvaux et rejoignant la colonne à Moriviller ; entre Moriviller et Vallois par deux pelotons de l'escadron d'avant-garde ; ces deux pelotons commenceront leur service de flanc-garde à la cote 318 et passeront par la ferme de la Naquée, les bois du Rouatant, du Rouard-des-Parts et Guilgnebois.

Il va de soi que, quand les cyclistes marchent en détachement avec la cavalerie, la vitesse de la colonne est ramenée à celle de la cavalerie. N'est-ce pas une vitesse appréciable ? Quelle est donc l'infanterie à pied qui peut ainsi appuyer la cavalerie en marchant toujours avec elle ?...

Faisons remarquer dès maintenant que, quand les réserves cyclistes chemineront en zone sûre, elles n'auront pas besoin de l'assistance de la cavalerie ; c'est alors qu'elles utiliseront leur principale propriété : la vitesse. Quand elles arriveront à la limite de cette zone, elles agiront en détachement avec les troupes de cavalerie qu'elles trouveront. En trouveront-elles toujours ? On peut répondre affirmativement, parce que la cavalerie enveloppe l'armée d'un réseau de surveillance qui lui procure la sûreté et aussi parce que, dans le cas où une réserve générale donnera, le commandement aura envoyé des ordres à la cavalerie.

Combat. — 1° *Difficultés de croisement des colonnes.* — On ne voit vraiment pas en quoi le croisement des colonnes présenterait plus de difficultés pour les cyclistes que pour les autres troupes. L'auteur ne s'en explique pas et termine en disant : « Le croisement des colonnes est une question de dressage. » C'est aussi notre avis.

Tout le monde sait que cette question, autrefois presque insoluble, est devenue très simple grâce aux sages prescriptions de notre dernier règlement de manœuvres.

Reprenons d'ailleurs la situation [1] quand les deux colonnes (colonne de droite : division de cavalerie n° 2 — colonne de gauche : colonne cycliste) se portent de Bayon sur le front Vallois—Magnières.

---

[1] Voir page 10.

Au moment où les ordres du général commandant la division n° 2 parviennent à la colonne cycliste, la situation des colonnes peut se présenter de deux manières différentes : ou bien les avant-gardes sont à l'ouest du front Remenoville—Vennezey, ou bien ces avant-gardes sont à l'est du même front.

Dans le premier cas, l'escadron, le premier bataillon et les deux batteries de la colonne cycliste poursuivent leur marche sur Scranville et gagnent les emplacements fixés par le commandant X... ; le deuxième bataillon (moins la compagnie adjointe à la colonne de cavalerie) s'arrête à Remenoville.

De son côté, la colonne de cavalerie en arrivant à Vennezey prend la route Remenoville—Gerbéviller et gagne cette dernière localité déjà occupée par une fraction du bataillon de la 39ᵉ division.

Dans le deuxième cas, l'escadron, le premier bataillon et les deux batteries de la colonne cycliste gagnent les emplacements fixés par l'ordre du commandant X... ; le deuxième bataillon cycliste s'arrête ou revient à Remenoville, où, se couvrant dans les directions du nord et du nord-est, il attend la colonne de cavalerie. Celle-ci s'arrête au reçu de l'ordre et le régiment le plus voisin de l'une des routes Vennezey—Remenoville ou Giriviller—Remenoville, prenant l'avant-garde, s'engage sur la route Remenoville—Gerbéviller. Quand l'escadron de tête arrive à Remenoville, une compagnie du bataillon cycliste qui s'y trouve marche avec lui et la division gagne ainsi Gerbéviller. Quant à la compagnie cycliste qui était à l'avant-garde de la colonne de cavalerie, elle rallie le bataillon à Gerbéviller.

Nous ne voyons aucune difficulté dans l'exécution de ce mouvement que toute colonne (infanterie, cavalerie, artillerie, ou troupes de toutes armes) peut être appelée à faire.

2° Difficultés de transmission des ordres.— Les difficultés sont de même nature que celles éprouvées dans une colonne de cavalerie. La transmission des ordres à une colonne marchant à 9 kilomètres à l'heure ne présente pas plus de difficultés quand cette colonne est cycliste que lorsqu'il s'agit d'une colonne de cavalerie.

Dans le cas des deux colonnes marchant sur Vallois—Magnières, la solution indiquée par l'auteur s'impose : le commandant X...

envoie un de ses agents de liaison en arrière pour transmettre l'ordre au commandant du 2ᵉ bataillon d'attendre à Remenoville la colonne de cavalerie et de se mettre à la disposition du général commandant la division nᵒ 2 qui va se porter sur Gerbéviller ; puis, d'un temps de galop, il se porte en tête pour orienter les commandants de compagnie du premier bataillon, le commandant de l'artillerie et le commandant de l'escadron sur leur nouvelle mission.

Il va sans dire que les agents de liaison doivent être choisis avec soin et avoir de bonnes montures. Dans le cas particulier où une colonne cycliste marcherait seule avec sa vitesse propre (mouvement d'une réserve cycliste en zone sûre), l'emploi d'une motocyclette par bataillon est tout indiqué et même, dans les groupements importants, une automobile (voiturette) peut rendre de grands services. Nous serions d'ailleurs les seuls à ne pas utiliser ces moyens de transmission déjà en usage dans les autres armées. L'Allemagne, l'Autriche et l'Italie possèdent des corps d'automobilistes.

3ᵒ *Impossibilité de combattre machine au dos.* — Ici se pose la question du combat des cyclistes. Doivent-ils combattre machine au dos ou déposer leurs machines à proximité des emplacements occupés ?

Cette question, comme tant d'autres, ne comporte pas de solution unique et absolue, car, sans tenir compte de l'inconvénient du chargement, il est des circonstances où le port de la machine s'impose et d'autres, au contraire, où il est avantageux de déposer les machines avant le combat. Exemples : quand une unité cycliste doit quitter la route pour prendre l'offensive dans une direction dépourvue de chemins, ou quand elle se propose d'agir par surprise sur un point éloigné de la route, elle doit mettre machine au dos. Elle doit encore le faire quand, devant rester sur la défensive pour un temps plus ou moins long, la situation pourra l'obliger à combattre en retraite dans une direction non desservie par des chemins.

Au contraire, il est indiqué de déposer les machines pour combattre, dans le cas d'une attaque décisive donnée par des troupes cyclistes de la réserve générale ; les machines ne servent alors que de moyen de transport rapide à pied d'œuvre de l'infanterie de ces réserves. Dans le combat en retraite, quand le réseau routier s'y prête, les cyclistes doivent déposer leurs machines ouvertes afin de pouvoir les utiliser pour rompre le combat et se porter rapidement sur la nouvelle ligne de résistance. Enfin, dans la plupart des cas où ils sont employés comme appui ou repli de la cavalerie, les cyclistes combattront en déposant leurs machines.

Ainsi, dans la situation créée par l'auteur, le premier bataillon cycliste doit déposer ses machines pour résister sur le front qu'il occupe.

Examinons maintenant une première objection portant sur le poids du chargement que l'auteur évalue à $20^{kg}5oo$ pour la plupart des hommes et 24 kilos pour celui de l'infirmier.

Disons tout de suite que la bicyclette de l'unique infirmier de compagnie peut être allégée en répartissant son chargement entre quatre hommes.

Le chargement actuel du cycliste est le suivant :

Bicyclette avec bretelles.	$15^{kg}55o$
Collet, jersey, serviette	1 635
Gamelle individuelle	0 43o
Sacoche garnie (pompe, clé, nécessaire de réparations).	0 41o
TOTAL	$18^{kg}o25$

Soit $18^{kg}o25$ auxquels il faut ajouter un poids variant entre 3g5 grammes et $1^{kg}o3o$ pour répartition de sacs à distribution, pièces de rechange (7^{kg} 1oo par section répartis en 18 sachets) et outils.

Le chargement du cycliste varie donc actuellement entre $18^{kg}42o$ et $19^{kg}o55$.

Le chasseur alpin porte un chargement de $14^{kg}5oo$ dans des conditions parfois très difficiles ; il ne le quitte que rarement. Or, le cycliste n'est appelé à porter sa machine qu'exceptionnellement et pour un temps très court. Un entraînement bien conduit peut amener les hommes à pouvoir porter leur machine pendant une heure ou deux, ce qui est très suffisant pour être en mesure de parer à toutes les éventualités. Pendant les manœuvres de 19o5, le bataillon cycliste a mis machine au dos plusieurs fois, notamment le 8 septembre, où il l'a gardée pendant la matinée presque entière ; cela prouve au moins que la difficulté n'est pas insurmontable.

Pour traiter aussi complètement que possible cette question du port de la bicyclette, il nous faut examiner les conséquences que l'auteur en tire ([1]) :

« *Conséquences :* 1° Le fantassin cycliste, machine au dos, ne peut tirer couché, chose indispensable pour toute infanterie ; 2° il ne peut faire de bonds rapides ; 3° il est presque immédiatement exténué, même sans tirer couché et sans faire de bonds rapides : ce n'est plus un combattant, c'est une bête de somme ; 4° enfin, comment veut-on que des officiers ou sous-officiers, chefs de peloton ou de section, ayant eux-mêmes sur le dos un poids volumineux de 21 kilos, précèdent leur troupe dans tous les terrains, fassent une reconnaissance rapide ? »

Le *tir couché* est en effet assez difficile en raison de la gêne produite par la machine, mais croit-on que le tir couché du fantassin est commode avec le havresac surmonté des brodequins, de la gamelle et de la boîte de conserve ? D'expériences faites dans certaines compagnies, il résulte que le tir couché peut s'exécuter. Dans bien des cas du reste, quand le cycliste se trouvera en terrain absolument découvert et qu'il ne pourra tirer ni à genou, ni assis (position extrêmement commode pour le cycliste en raison de l'appui trouvé dans sa bicyclette), dans bien des cas, disons-nous, le cycliste pourra faciliter son tir couché en dégageant le porte-mousqueton du côté droit du cercle auquel il est fixé.

Le cycliste ne peut faire de bonds rapides. — Évidemment, la machine est lourde et gênante ; mais le sac est-il donc si léger ? Que l'on compare l'état du fantassin qui, venant de marcher trois ou quatre heures sac au dos, doit à ce moment faire des bonds rapides sans quitter son chargement, à l'état du cycliste qui, ayant pédalé pendant le même temps, n'est pas déprimé par le port du sac. On comprend sans peine que le cycliste sera capable de faire cet effort pendant une heure ou deux. Ici encore, l'expérience des manœuvres de 1905 a été concluante, car, bien que le

----

([1]) Voir page 13.

bataillon ait mis machine au dos plusieurs fois pendant les manœuvres, il n'a nullement été éreinté, le nombre des évacuations ayant été de trois pendant les manœuvres.

Pour terminer, l'auteur demande comment on veut que des officiers ou des sous-officiers ayant sur le dos un poids volumineux de 21 kilos précèdent leur troupe et fassent des reconnaissances rapides ?

Nous répondrons qu'un pareil effort ne peut être produit que par des officiers ou sous-officiers cyclistes n'ayant aucune prévention contre le port de la machine, très vigoureux et pleins d'allant, comme il n'en manque pas dans notre armée. Le port de la machine par les gradés est un puissant moyen d'émulation sur les hommes qui voient leurs chefs partager entièrement leurs fatigues.

La conclusion est qu'actuellement le port de la bicyclette est pénible ; qu'il est, comme le dit l'auteur, un moyen exceptionnel à employer en cas de nécessité absolue seulement, mais il ne présente pas de difficulté insurmontable, à la condition que la troupe et les cadres y soient préparés par un entraînement convenable.

Nous disons « actuellement », car nous sommes d'avis que les voitures à traction animale formant le train des compagnies cyclistes devraient être remplacées par des fourgons automobiles. La proposition en a d'ailleurs déjà été faite. Dans ce cas, le collet, le jersey et la serviette pourraient être retirés des machines et placés dans les fourgons, le chargement du cycliste portant sa machine serait ramené à 17 kilos en moyenne.

Il n'en est pas moins vrai que l'allégement de la bicyclette est à rechercher. Le problème posé à l'industrie pourrait sans doute être résolu soit par la réduction du diamètre des roues à 60 centimètres, soit par d'autres moyens.

Quoi qu'il en soit, la question du combat est très délicate ; elle doit faire l'objet d'études très sérieuses et d'applications fréquentes. Si le combat machine au dos a l'inconvénient d'exiger une dépense de force considérable, on ne doit pas oublier que le cycliste est presque toujours plus apte au combat que le fantassin qui a porté son sac pendant trois ou quatre heures. Quant au combat sans machine, il se fera toujours dans de meilleures conditions par les cyclistes que par des hommes ayant sac au dos. Le seul point délicat est de choisir convenablement l'emplacement défilé des machines afin qu'en cas de besoin la rupture du combat puisse se faire rapidement et sans pertes.

Il appartient au chef de juger et de choisir celui des deux procédés de combat : machine au dos ou sans machine, qui s'adapte le mieux à la situation.

Si nous reprenons l'hypothèse ([1]) avec les situations créées par l'auteur, la solution logique adoptée (combat sans machine) s'impose en raison de la nature du terrain, des chemins et de la mission donnée aux cyclistes. Elle ne présente pas de difficulté sérieuse.

Remarquons cependant que dans la seconde hypothèse (offensive générale des Allemands) ([2]), les emplacements de l'artillerie et de la cavalerie ne sont pas indiqués. Il semble difficile que les trois bataillons ennemis partis de Glonville puissent arriver sans tirer aussi facilement à 500 ou 700 mètres des emplacements de combat des cyclistes ; l'action de l'artillerie des cyclistes et de la division de cavalerie ne peut manquer de se faire sentir et, pour peu qu'une attaque se produise sur le flanc droit des trois bataillons détachés de l'avant-garde allemande par les bois de Chèvremont par exemple, la marche de ces bataillons sera considérablement ralentie. Dans ces conditions, les cyclistes, moins vivement pressés, auront tout le temps de rompre le combat. Et y aurait-il quatre compagnies au lieu de trois au nord-est de Domptail, la défense n'en serait que plus forte et ces compagnies n'en auraient que plus de temps pour se dégager et opposer une nouvelle résistance entre Domptail et la Mortagne.

Bataillons et groupes de bataillons cyclistes éléments de réserve d'armée. — Les objections de l'auteur relatives à l'emploi des cyclistes comme éléments de réserve d'armée, se rapportent toutes à celles qui ont été discutées précédemment. Toutefois, celles concernant la longueur des colonnes et l'encombrement des routes ont alors une plus grande importance en raison du

---

([1]) Voir page 12.
([2]) Voir page 14.

nombre des unités pouvant entrer dans la constitution d'une réserve générale.

Ici, nous ne pouvons nous baser sur des expériences de manœuvres, puisque la plus forte unité ayant été constituée est le bataillon (manœuvres de 1905 et 1908), mais il est facile de se rendre compte que, dans nos régions au réseau routier très développé, il existera partout en arrière d'un front de bataille A—B

des chemins parallèles et perpendiculaires à ce front et qu'une réserve cycliste comportant dix ou douze bataillons ne sera pas réunie tout entière en un même point. Ces bataillons, par groupes de deux ou trois, seront placés aux croisements *a, b, c,* etc., de ces chemins, formant ainsi un rassemblement articulé dont les

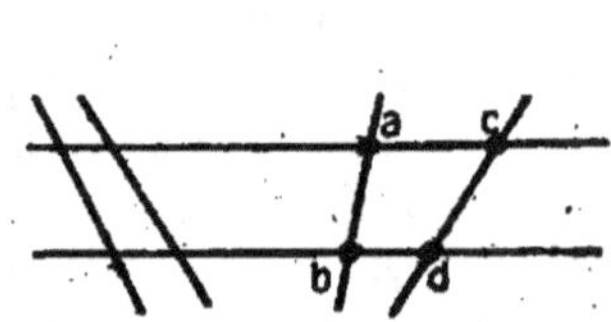

unités se mettront en route sur l'ordre du commandement et, utilisant toute leur vitesse, arriveront successivement et non ensemble au point indiqué par le commandement. Déposant leurs machines, ces bataillons formeront les premiers éléments de l'attaque, bientôt suivis par d'autres réserves amenées par des automobiles ou par des voitures, puis par les réserves à pied.

Le résultat sera que la manœuvre d'enveloppement ne pourra produire ses effets ou que la décision pourra être donnée grâce à ces réserves.

Le bataillon cycliste aux manœuvres de 1905. — Quelques mots maintenant sur le rôle du bataillon cycliste aux manœuvres de 1905. L'auteur, en en donnant l'analyse, a commis, croyons-nous, quelques erreurs que nous nous permettons de rectifier en nous servant pour cela du rapport du commandant Gérard, rapport établi à l'aide du journal de marche du bataillon.

Journée du 4 septembre. — Le bataillon, en n'agissant pas contre le bataillon de chasseurs ennemi signalé à Pogny (Voir ordre verbal donné par le général commandant le 6e corps), est resté dans l'esprit des ordres qui lui avaient été donnés ; c'est ce qui lui a permis, en se portant rapidement sur la Cense-des-Prés (aile droite de la 42e division), de retarder suffisamment la marche de l'ennemi pour permettre à la 42ᵉ division de faire face à l'attaque qui allait se prononcer sur son flanc droit. Le bataillon a donc bien accompli la mission retardatrice qui lui avait été donnée. Plus encore : s'il s'était arrêté à Pogny, il ne pouvait remplir qu'un rôle insignifiant et manquer sa mission.

Journée du 5. — Le bataillon formant détachement avec un régiment et demi de cavalerie et une batterie à cheval, avait pour mission d'appuyer le flanc droit du corps d'armée dans la région Bassu—et—Bassu signal de Bassu, pour agir contre le flanc gauche et les derrières de l'ennemi et pour découvrir à tout prix les positions de ses gros (Voir ordre général d'opérations du 6ᵉ corps).

En ouvrant le feu à 1 000 mètres sur un groupe de batteries, puis sur une ligne et des colonnes d'infanterie ennemie qui, de Coulvagny, gravissaient la rive gauche du Fion, le bataillon a accompli sa mission. Il l'a encore accomplie en servant de soutien à la batterie du détachement qui a canonné des rassemblements ennemis importants vers Saint-Amand et Coulvagny. En réalité, des pertes très sérieuses auraient été infligées à l'ennemi et, si les résultats obtenus n'ont pas été plus considérables, cela tient uniquement à ce que la manœuvre a pris fin au moment où le bataillon était en marche pour rejoindre la brigade de cavalerie qui avait franchi le Fion à Aulnay-l'Aître.

Journée du 6. — Dès 4 heures du matin, trois compagnies occupent les ponts du canal à Ponthion, Plichancourt et au sud de Vitry-en-Perthois (front 8 kilomètres); la 4ᵉ compagnie en réserve est d'abord à Brusson, puis à Reims-la-Brûlée et enfin à Vauclère. A 7ʰ 55 (fin de la manœuvre), le bataillon qui n'a cessé d'être en contact avec l'ennemi, n'a cédé que 4 kilomètres de terrain (1 kilomètre par heure); il occupe une ligne intermédiaire entre la voie ferrée Paris—Strasbourg et le canal de Vitry à Saint-Dizier. Cette action retardatrice n'aurait-elle pas permis à la 42ᵉ division de prendre du champ dans la direction de Brienne ? La manœuvre n'a-t-elle pas démontré la capacité de résistance des cyclistes dans le combat en retraite ? N'a-t-elle pas démontré en même temps qu'un bataillon cycliste est une unité bien articulée et très souple ? L'auteur fait remarquer qu'il n'y a pas eu de rupture de combat prévue suivie d'une nouvelle occupation, que les compagnies ont agi entièrement pour leur compte. Alors comment a pu se faire l'occupation successive des ponts de la Bouxencllc et de la Saulx, puis de ceux du canal de la Marne au Rhin, celle de la voie ferrée, enfin celle de la dernière ligne occupée ?

Journée du 7. — Pendant la journée du 7, réservée à une manœuvre entre les cavaleries ennemies, le bataillon cycliste et tout le 6ᵉ corps ont ordre de garder les cantonnements et de se dissimuler pour ne pas révéler leur présence. Ils ont ordre d'accueillir par le feu à bout portant la cavalerie ennemie qui pourrait se présenter. Il n'y a donc pas à faire état des reconnaissances cyclistes.

Et puis voudrait-on faire grief aux cyclistes d'avoir pu donner des renseignements utiles au lieu de se faire enlever ? D'ailleurs, nul ne revendique pour les cyclistes le rôle normal d'exploration ou de reconnaissance qui revient à la cavalerie et aux autres organes de renseignements.

Journées des 8 et 9. — Le rôle de détachement léger précédant une avant-garde, donné le 8 septembre au bataillon cycliste, auquel une batterie avait été adjointe, l'a en effet amené de bonne heure sur les hauteurs ouest de Chavanges et de Montmorency, entre les deux routes suivies par les colonnes des 40ᵉ et 42ᵉ divisions.

Dès 7ʰ 3o du matin, le détachement se trouva seul sur les hauteurs, entre les têtes de colonnes des 20ᵉ et 5ᵉ corps, qui, par une marche concentrique, se dirigeaient sur le plateau. A ce moment, les 40ᵉ et 42ᵉ divisions étaient séparées par un large intervalle et il importait de tenir les hauteurs pour assurer la marche de la 42ᵉ division. C'est dans ces conditions que le bataillon, avec sa batterie, dut combattre machine au dos pendant toute la matinée. Parce que le bataillon était cycliste, devait-il rechercher les grandes routes et abandonner la mission qui lui avait été donnée ? Nous ne le croyons pas. Il a montré ce jour-là la somme de résistance dont il était capable et nous pensons que, dût-il même par suite de la fatigue (le terrain était détrempé) en arriver à abandonner ses machines et risquer de les perdre, il devait, coûte que coûte, rester sur le plateau pour en faciliter l'accès à la 42ᵉ division.

Dès le commencement de la *journée du 9,* le bataillon, qui avait repris son emplacement de la veille, fut envoyé par le commandant de l'armée A à Margerie—Haucourt. Il constitua la défense mobile de ce village tenu par le 29e bataillon de chasseurs et rayonna à l'ouest et au nord pour s'opposer à une action de la cavalerie ennemie sur les derrières de l'armée. A 9 heures, l'armée ayant reçu le renfort d'un corps d'armée supposé qui arrive à Margerie, le bataillon reçoit l'ordre de rejoindre le général en chef au nord du Petit-Fontenoy ; là, il est mis en réserve. Un peu plus tard, des masses de cavalerie ennemie sont aperçues vers la ferme de la Madeleine ; une compagnie cycliste est envoyée à Margerie pour appuyer le 18e bataillon de chasseurs qui occupe la vallée du Meldançon et les fermes à l'ouest. C'est un peu plus tard que se produisit l'attaque de deux divisions de cavalerie ennemie contre le 29e bataillon de chasseurs et le bataillon cycliste qui occupe la cote 142. Après cette attaque, le bataillon cycliste reçoit l'ordre de rester à la disposition du général en chef.

Si le bataillon a manœuvré dans une zone restreinte, il faut l'attribuer à la situation. Remarquons cependant que l'action du bataillon n'a pas été nulle.

Journées des 10 et 11 septembre. — Pendant la *journée du 10,* le bataillon, cantonné à l'aile gauche de l'armée, est adjoint à la 6e division de cavalerie qu'il doit rallier, à 25 kilomètres de ses cantonnements, par une marche exécutée entre 3 heures et 5h 30 du matin. Après avoir couvert le rassemblement de la division, le bataillon, remplissant sa mission de soutien offensif de la cavalerie, fait tête de pont pour le passage de plusieurs lignes d'eau. Après la manœuvre, il gagne son cantonnement à l'aile gauche de l'armée, exécutant un nouveau bond de 20 kilomètres.

Le 11, le bataillon, avec une batterie, forme détachement léger à l'aile gauche de l'armée pour appuyer le flanc gauche du 6e corps. Il a deux engagements sérieux contre de la cavalerie, s'empare d'une ferme (Grand-Brevonnelle) et fait subir des pertes importantes à un groupe de batteries ennemies. Là encore, le bataillon a fait œuvre utile.

En répondant comme nous venons de le faire aux critiques de l'auteur sur le rôle joué par le bataillon cycliste aux manœuvres de 1905, nous croyons avoir montré :

1° Qu'aucune impossibilité ne s'oppose au groupement des

compagnies cyclistes en bataillon, et que celui-ci constitue une unité souple et manœuvrière, joignant à une grande capacité de marche, une réelle aptitude au combat ;

2° Que loin d'avoir rempli un rôle insignifiant en 1905, le bataillon cycliste, comme organe de corps d'armée et d'armée, a été un auxiliaire précieux pour son parti. Il a rempli les missions qui lui ont été confiées.

Si certains officiers doutent des services que peuvent rendre les bataillons cyclistes, c'est qu'ils les considèrent comme devant toujours combattre seuls, alors qu'en réalité ils sont seulement infanterie auxiliaire ayant besoin de l'assistance des autres armes comme l'infanterie ordinaire.

Nous aurions voulu pouvoir donner ici par le détail la part prise par le bataillon cycliste aux manœuvres de 1908 ; mais, en l'absence de tout document officiel, force nous est de nous en tenir aux opinions émises par les correspondants des journaux. Ceux-ci s'accordent en général à dire que le rôle des cyclistes du commandant Mordacq a été brillant.

Il faut d'ailleurs reconnaître que le bataillon réuni a été très peu employé. Le plus souvent, les compagnies, isolées ou par deux, ont été adjointes à des détachements mixtes dont elles formaient l'infanterie. Cela tient probablement à ce que le général Millet, commandant l'armée B, ayant très peu de cavalerie, dut multiplier ces détachements et leur donner une grande mobilité pour faire face à la nombreuse cavalerie du général Trémeau.

A ce sujet, il est intéressant de citer l'opinion de l'auteur anonyme d'un article intitulé : « Bataillons cyclistes », paru dans la *France Militaire* du 3 octobre dernier :

« En présence des masses de cavalerie maniées par un des généraux les plus réputés de l'armée, le général Trémeau, que firent les quatre compagnies du commandant Mordacq ? Quels services le général Millet, d'autant plus pauvre en cavalerie que son infanterie est plus nombreuse, peut-il attendre de ces 600 fusils montés à bicyclette ? Tel est le problème. Tous les journaux l'ont exposé, tous sont unanimes à reconnaître que les cyclistes l'ont magistralement résolu. Cet outil admirablement au point, s'est révélé, à la surprise de beaucoup, adversaire aussi redoutable à la cavalerie qu'il avait été en 1905 un utile compagnon. Il a prouvé aussi qu'il pouvait constituer entre les mains du général en chef un moyen d'action de grande puissance, apte aux missions les plus diverses, les plus imprévues, tout particulièrement utile dans les cas où il faut aller vite et frapper fort.

« Encore eût-il rendu de plus grands services si on lui avait plus demandé. »

On peut se demander, en effet, ce qui serait advenu si les deux commandants d'armée disposant d'une cavalerie à peu près égale, l'un eût pu appuyer la sienne d'un bataillon cycliste.

Encore faudra-t-il, dans l'appréciation définitive sur le rendement des cyclistes, tenir compte que, cette année, le commandant Mordacq a dû faire les manœuvres avec un bataillon auquel il n'a pas eu le temps de donner la cohésion nécessaire, puisque les quatre compagnies, venues de quatre corps différents, sont arrivées à Chaumont-sur-Loire le 7 septembre pour entrer en manœuvres le 9. En 1905, le bataillon provisoire avait été réuni au camp de Châlons pendant un mois, pour être exercé par le commandant Gérard avant de prendre part aux manœuvres.

Conclusion. — En commençant cette étude, notre but était de montrer qu'après avoir été les premiers à utiliser les cyclistes comme troupe combattante, nous sommes sur le point de nous laisser surpasser par les autres puissances. Le moment serait d'autant plus mal choisi que l'infériorité de notre cavalerie et celle de nos troupes de campagne, déjà évidente, s'aggravera de plus en plus du fait de notre dépopulation. Cette infériorité ne peut être compensée que par la vitesse et la souplesse de manœuvre de troupes légères comme les cyclistes.

Dans la guerre de campagne, leur emploi, justifié chaque fois qu'ils pourront mettre en œuvre leurs propriétés spéciales : grande capacité de marche et vitesse, est susceptible d'un grand rendement dans les cas suivants :

Couverture — Détachements mixtes — Appui de la cavalerie — Élément de réserve d'armée.

Couverture. — Si, dans le cas de mobilisation, la faible avance que nos voisins de l'Est peuvent avoir sur nous ne présente pas grand danger au point de vue des opérations de la guerre, il n'en est pas moins vrai qu'en franchissant la frontière dès la déclaration de guerre ou même avant, des détachements ennemis peuvent troubler et même compromettre la mobilisation de la zone frontière sur une profondeur variable. Un autre danger possible est celui de la destruction d'ouvrages d'art importants par des détachements légers traversant la frontière en automobile et arrivant à pied d'œuvre avant que la garde de ces ouvrages soit assurée.

Le moyen le plus sûr d'être à l'abri de ces dangers consisterait à établir, dès la période de tension politique, une ligne de barrages près de la frontière en tenant fortement chacune des voies pénétrantes. Cette mission pourrait avantageusement être confiée aux cyclistes. Dès que le système de couverture serait complet, certaines unités cyclistes entreraient dans la constitution des réserves, les autres rallieraient les grandes unités auxquelles elles sont adjointes.

Dans un article de la *Revue militaire générale* (¹), le lieutenant-colonel de Féraudy résume ainsi qu'il suit la doctrine qui doit animer les troupes de couverture : « En résumé, il faut se rappeler, comme en escrime, que, lorsqu'on est *en garde,* toute attaque de l'adversaire exige une parade ou une riposte. Or, les troupes des secteurs de couverture sont en garde ; la *parade* est faite avec les réserves tactiques ; la *riposte* avec la réserve générale ou les réserves des secteurs voisins. »

Les cyclistes, mieux que toute autre troupe, sont aptes, grâce à leur vitesse, à ce rôle de réserve.

Détachements mixtes. — Les détachements lancés en avant et sur les flancs de l'armée comprennent plus souvent de la cavalerie et de l'artillerie. Ils doivent évoluer rapidement, se déployer, se dérober, pour reparaître ensuite ; ils ont donc besoin d'être doués d'une grande mobilité et d'une grande souplesse. Une infanterie légère comme les cyclistes est donc pour eux un excellent auxiliaire.

Appui de la cavalerie. — Étant donnée l'urgente nécessité de renforcer notre cavalerie d'exploration, très inférieure au point de vue du nombre à celle des Allemands, l'adjonction d'au moins un bataillon à chacune de nos divisions s'impose. L'inconvénient

---

(¹) « Étude sur la couverture », *Revue militaire générale,* juillet 1908 (publiée en brochure à la librairie Berger-Levrault et Cⁱᵉ. Prix : 2ᶠ 50).

si redouté de la longueur de la colonne cycliste est d'autant moins à craindre que, même dans le cas d'un soutien de deux bataillons par division, ces deux bataillons ne seraient que très rarement formés en une seule colonne, car il faudrait avoir une ou deux compagnies en tête dans la direction de marche, et une ou deux compagnies sur le flanc menacé ou découvert. Plusieurs compagnies seront donc isolées et la colonne sera réduite d'autant.

Élément de réserve d'armée. — Disposés en un rassemblement articulé sur des chemins en arrière du front de bataille d'une armée, des bataillons cyclistes constitueront l'élément le plus mobile de la réserve.

Leur arrivée rapide permettra d'attendre les autres troupes moins vites de la réserve et d'empêcher ainsi l'enveloppement, ou d'obtenir la décision au gré du commandement.

Capitaine QUIROT.

TABLE DES MATIÈRES

Nancy, impr. Berger-Levrault et Cie

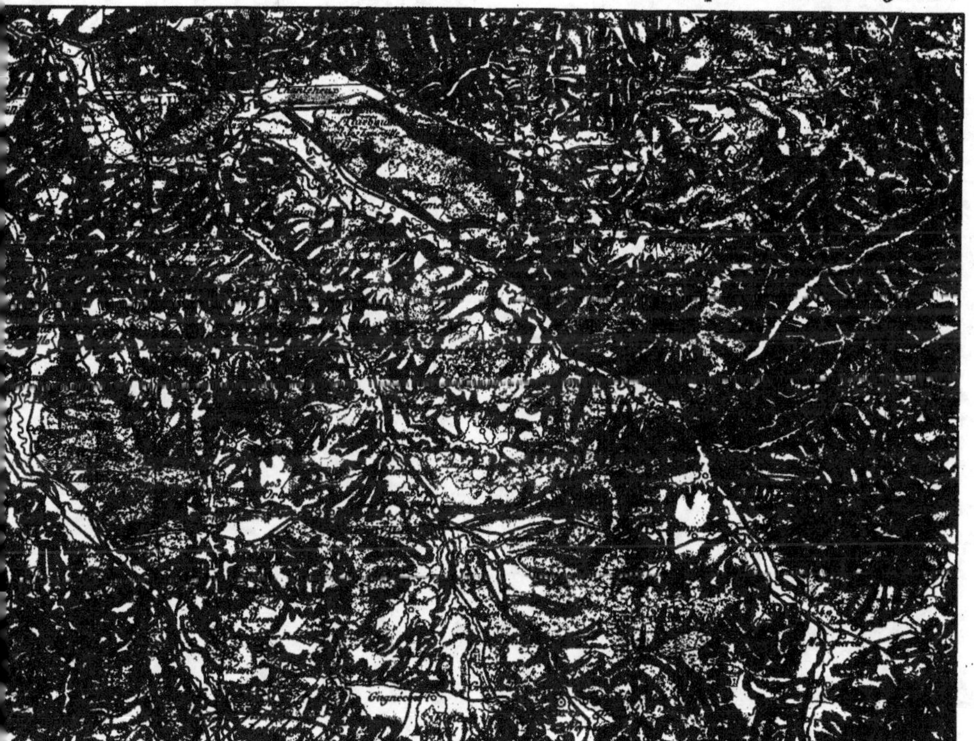

Extrait de la Carte de France au $\frac{1}{320.000}$ publiée par le Service Géographique de l'Armée

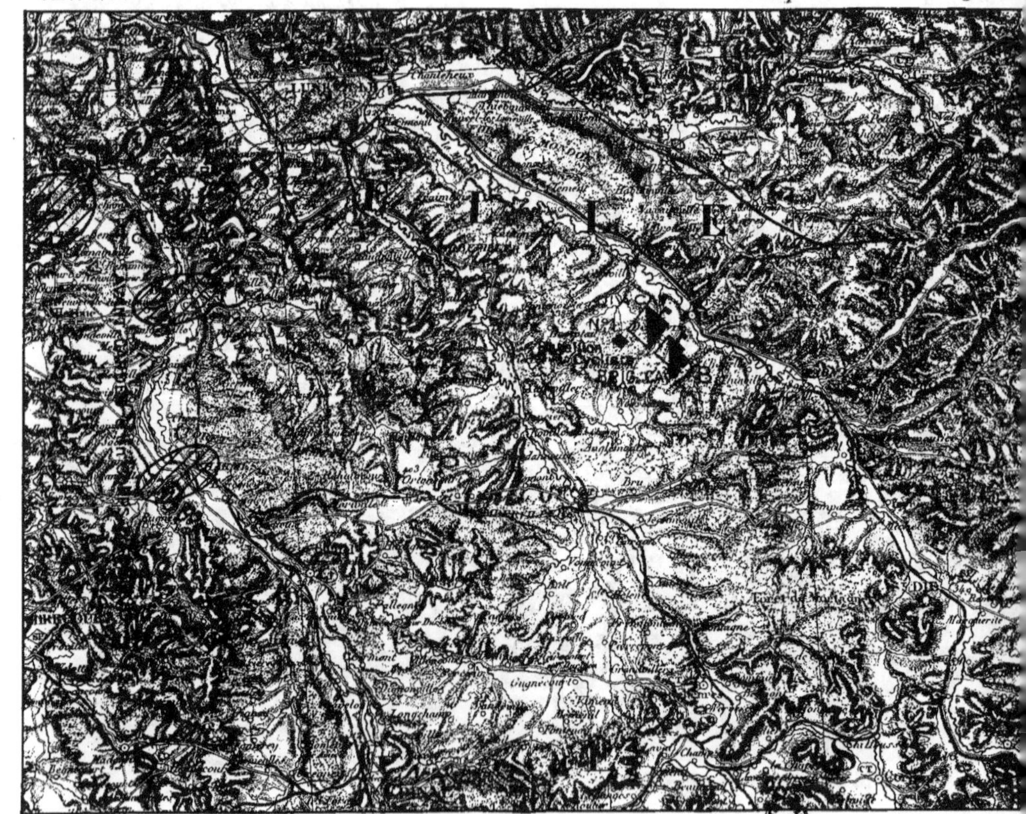

Extrait de la Carte de France au $\frac{1}{320.000}$ publiée par le Service Géographique de l'Armée

Extrait de la Carte de France au 1/80.000 publiée par le Service Géographique de l'Armée.

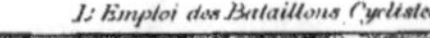

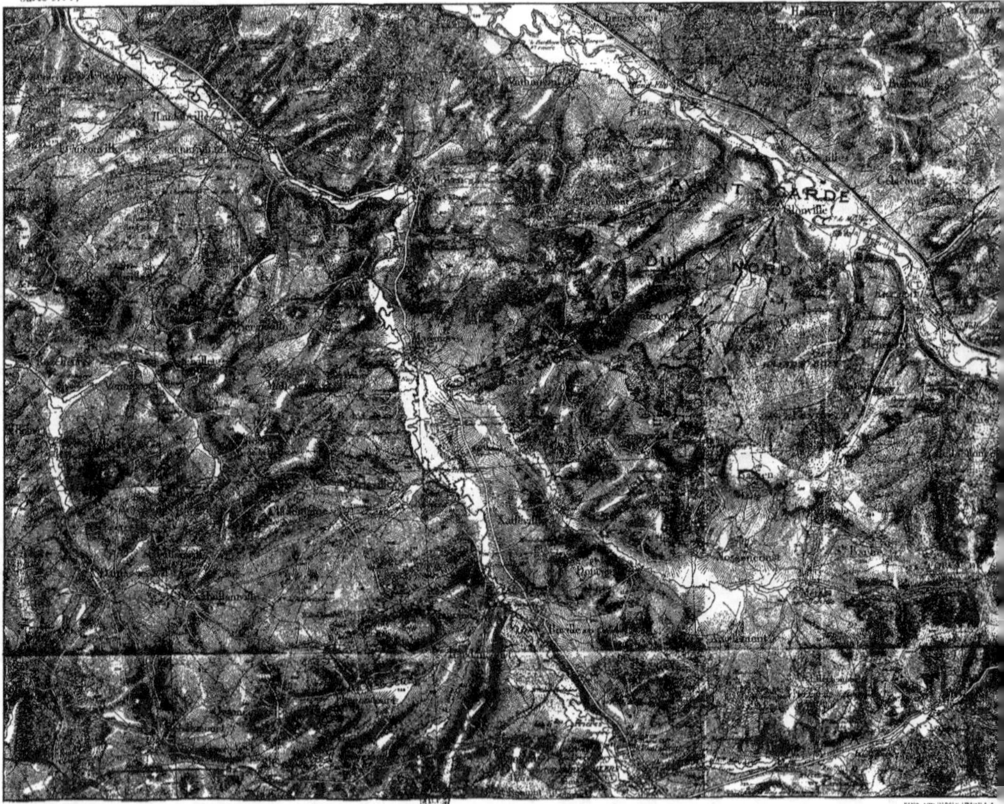

BERGER-LEVRAULT ET Cie, ÉDITEURS

PARIS, 5—7, RUE DES BEAUX-ARTS — RUE DES GLACIS, 18, NANCY

Infanterie et Cyclistes en liaison avec la division de cavalerie. *Deux journées de manœuvres,* par P. NUDANT, commandant l'artillerie de la 4e division de cavalerie. Suivi de *Réflexions,* par le général H. LANGLOIS. 1907. In-8, avec 2 planches, broché . . . . **1 fr. 50**

Infanterie cycliste en campagne. Étude sur la carte, d'après l'ouvrage *Cavalerie en campagne* de M. le colonel CHERFILS, par le capitaine GÉRARD. 1898. Un vol. grand in-8, avec 3 cartes in-folio, broché . . . . **3 fr. 50**

La Guerre, par le général KESSLER. 1909. Un volume in-8, avec une carte hors texte, broché . . . . **2 fr.**

Études de Tactique appliquée. *Le combat de toutes armes,* par le général PALAT. 1909. Un volume in-8, avec un croquis et 12 cartes, broché . . . . **10 fr.**

Guide pour l'étude de la Tactique, par le commandant MARTIN DE GIRARD. 1909. Un volume in-8, avec figures, broché . . . . **4 fr.**

Le Thème tactique. *Théorie et Méthode,* par le capitaine breveté E. DOSSE, du 10e bataillon de chasseurs. 2e édition, revue et augmentée. 1909. Un vol. in-8, br. **2 fr.**

Soixante Problèmes tactiques, discutés et traités sur la carte de Rethel. *Application de nos règlements sur la tactique combinée des différentes armes au stationnement, dans les marches, au combat et dans les petites opérations,* par le colonel DEVAUREIX. 3e édition, revue et augmentée. 1909. Un volume grand in-8 de 510 pages, avec carte in-folio, broché . . . . **4 fr.**

Quatre Études tactiques. *Le Front de combat. Phases du combat de l'avant-garde. Actes offensifs de la défense. Marches de flanc,* par le général DE JACQUELOT DU BOISROUVRAY. 1906. Volume in-8, avec 3 figures et 9 croquis hors texte, broché . . . . **3 fr.**

Trois Études tactiques. *Une Manœuvre à double action sur la carte. Une Manœuvre avec cadres sur le terrain. Une Attaque décisive,* par le lieutenant-colonel AUGER. 2e édition. 1903. Volume in-8, avec 7 cartes, broché . . **2 fr. 50**

L'Attaque non enrayée de l'Infanterie, par E. SONDEREGGER, lieutenant-colonel de l'État-Major général suisse. Traduit par le lieutenant V. GRAFFENRIED. 1909. In-8, 94 pages, broché . . . . **2 fr.**

Contre-attaque ou Retour offensif ? par le lieutenant ROY. 1909. Grand in-8, avec 2 planches, broché . . . . **1 fr. 50**

Les Exercices à double action dans la compagnie, par A. MASSACRIER, lieutenant au 96e régiment d'infanterie. 1907. Brochure in-16 de 64 pages, avec 6 croquis . . . . **1 fr. 25**

Quelques Aperçus sur la préparation au combat d'une compagnie d'infanterie, par le capitaine JETTE. Avec une introduction de M. le général LANGLOIS. 1907. Un volume grand in-8 de 75 pages, avec 2 cartes, broché . . . . **2 fr. 50**

Dressage de l'Infanterie en vue du combat offensif, par le commandant DE GRANDMAISON. Avec une préface de M. le général LANGLOIS. 3e édition. 1908. Un volume in-8 de 188 pages, broché . . . . **2 fr. 50**

Étude sur la Couverture, par le lieutenant-colonel G. DE FÉRAUDY, du 68e régiment d'infanterie. 1908. Grand in-8, avec 1 croquis et 4 planches, broché. **2 fr. 50**

Les Détachements de contact dans la guerre russo-japonaise, par le lieutenant-colonel R. MEUNIER. 1908. Grand in-8, avec 3 planches, broché . . . . **2 fr.**

Les Détachements de contact dans la défensive, l'offensive et la couverture. *Étude tactique et historique,* par le capitaine breveté CULMANN, commandant la 9e batterie à cheval du 12e régiment d'artillerie. 1907. Un volume grand in-8 de 72 pages, avec 3 planches, broché . . . . **2 fr. 50**

Défense offensive et reconnaissance d'état-major de la position de Magny-Fouchard. *Causerie sur la tactique de la fortification de campagne,* par Jules DUVAL, chef de bataillon du génie, breveté d'état-major. 1905. In-8, 62 pages, avec 2 figures et une carte en couleurs, broché . . . . **2 fr. 50**

Les Prodromes de Fœschwiller, ou 40 heures de stratégie de Mac-Mahon, par le commandant DE COGNAC, de l'état-major du 5e corps d'armée. 1908. Grand in-8, avec 3 planches, broché . . . . **2 fr. 50**

Nancy, impr. Berger-Levrault et Cie